幼儿园课程资源
开发与利用 丛书

丛书主编　钱月琴

有树真好

主　编　徐　桢　陈惠英　姚玉芳　沈芳芳
编　委　郑丽娟　贝红平　陆宇舟　施　娟　沈晓庆　王菊红

苏州大学出版社

图书在版编目(CIP)数据

幼儿园课程资源开发与利用丛书. 有树真好 / 钱月琴主编；徐桢等分册主编. －－苏州：苏州大学出版社，2023.7(2023.9重印)
　　ISBN 978-7-5672-4427-6

Ⅰ. ①幼… Ⅱ. ①钱… ②徐… Ⅲ. ①学前教育－教学参考资料 Ⅳ. ①G613

中国国家版本馆 CIP 数据核字(2023)第 098791 号

书　　　名：	有树真好 YOU SHU ZHENHAO
主　　　编：	徐　桢　陈惠英　姚玉芳　沈芳芳
责任编辑：	张　凝
策　　　划：	谢金海
出版发行：	苏州大学出版社(Soochow University Press)
社　　　址：	苏州市十梓街1号　邮编：215006
印　　　刷：	苏州市古得堡数码印刷有限公司
邮购热线：	0512-67480030
销售热线：	0512-67481020
开　　　本：	889 mm×1 194 mm　1/20　印张：6.8　字数：130千
版　　　次：	2023年7月第1版
印　　　次：	2023年9月第3次印刷
书　　　号：	ISBN 978-7-5672-4427-6
定　　　价：	58.00元

若有印装错误，本社负责调换
苏州大学出版社营销部　电话：0512-67481020
苏州大学出版社网址　http://www.sudapress.com
苏州大学出版社邮箱　sdcbs@suda.edu.cn

"幼儿园课程资源开发与利用丛书"
编委会

顾　问　张春霞

主　任　季小峰

副主任　周　萍　顾忆红

编　委（按姓氏笔画排序）

　　　　王亚红　王惠芬　吕淑萍　朱　静　孙文侃

　　　　吴小勤　沈　红　沈方勤　沈艳凤　张　琼

　　　　张利妹　陈小平　陈秋英　胡　娟　莫美华

　　　　钱明娟　徐　桢　徐国芬

序

  吴江区高度重视学前教育的发展。长期以来，吴江区学前教育工作者注重抓内涵、提质量，在幼儿园课程建设方面做了很多扎实有效的工作。

  江苏省实施课程游戏化项目以来，吴江区学前教育工作者努力进行课程游戏化的区域推进，为课程游戏化提供了示范，吴江区涌现出了许多高质量课程建设的典型。尤其是在资源深度挖掘和利用方面，很多幼儿园强化课程意识和资源意识，增强目标意识和效率意识，深入挖掘和利用本地课程资源，努力将资源优势转化为经验优势，形成了课程资源开发和利用的吴江经验。

  吴江是一个具有深厚文化历史底蕴的地方，名人、遗迹、名胜不胜枚举，具有鲜明江南特色的古镇和村落，丰厚肥沃的土地，孕育了万千生命和厚重的文化。对于如何挖掘和利用吴江的自然与文化资源，吴江的老师们进行了积极的探索和创新。他们从幼儿身心发展规律出发，深入分析本地各类资源对儿童发展的价值，形成了一系列资源开发和利用的途径与策略，让幼儿在多样化的活动中感受文化、体验文化、理解文化、表达文化和创新文化。丰富的幼儿园课程内容，充实了儿童的生活，增进了儿童的体验和情感，增强了儿童的操作和表现能力。

  这套丛书是吴江区各幼儿园从不同的资源出发，深入研究儿童的需要和兴趣，系统开展多种形式的活动，充分利用儿童的多种感官，有效促进儿童对文化的了解、理解和表达，不断丰富和充实儿童经验的实践成果。相信这套丛书一定能给幼儿园课程建设提供有益的经验和启示，一定能为学前教育质量的提升做出贡献。

南京师范大学教育科学学院教授、博士生导师

2023 年 5 月

#

莼鲈之香正十年

秋风斜阳鲈正肥，扁舟系岸不忍去。

吴江位于苏浙沪两省一市的地理交界处，是"鱼米之乡""丝绸之府"，有古镇、蚕桑、运河……历史悠久，资源丰富。

十余年来，吴江学前教育坚持以"贯彻落实《3—6岁儿童学习与发展指南》精神，开展幼儿园生活化游戏化课程建设"为抓手，区域性全面推进、全类覆盖、全员参与课程游戏化项目区实践。"区域推进不是要求区域统一，本质是让幼儿园各尽其能，充分调动每一位教师的专业才智，充分利用一切空间和资源，最大限度地发挥对儿童发展的支持和促进作用，从而提升教育质量。"（虞永平）十余年间，吴江幼教人通过改造环境、优化课程、专家引领、提升师资、追随儿童、科学评价等策略，营造了良好的学前教育生态，从"幼有所育"走向"幼有优育"。

吴江区各幼儿园从资源入手积极探索"资源—活动—经验"的实践路径，通过梳理、分析本园资源，建构课程资源地图，制作课程资源清单，开展多样化教育活动，尝试建设适合本园的课程，积累了大量的一手资料，于是就有了这套"幼儿园课程资源开发与利用丛书"。

本套丛书不仅是吴江区各幼儿园在课程建设中开发利用本园周围的资源，开拓儿童课程源泉，促进儿童全面发展的生动实例，还是凝聚着全区"学前教育发展共同体"踔厉奋发、笃行不怠的成长足迹和探究精神的宝贵财富。在这套丛书里，你可能会看到因为年轻而存在的稚气，但更会看到因为年轻而勃发的对教育的追求和活力。

　　本套丛书有以下三个特点：一是实践性，每类资源的开发和活动的组织都是幼儿园实践过的；二是操作性，幼儿园提供了某资源开发和利用的理念、路径、方法和具体的活动，可以为同行提供范例和借鉴；三是普适性，这套丛书涉及的资源都是日常生活中普遍存在的、与幼儿生活密切相关的。本套丛书共有十三个分册，每个分册都是从资源介绍、开发理念、资源清单、基本路径、活动列举、课程计划、方案设计、活动叙事八个方面来编写的。虽然这些都是一线教师的实践积累，但在理念上可能尚有偏颇，在实践中可能存在需要改进的地方，不足之处敬请专家和同行提出宝贵意见，以便让这套书不断完善。

　　十年磨一剑，蓄势再扬帆。在未来十年，乃至更长一段时间，吴江区学前教育会继续与时俱进，勇立潮头，办出更多老百姓家门口的高质量幼儿园。

丛书编委会
2023 年 5 月

目 录

资源介绍
　　/ 1

开发理念
　　/ 2

资源清单
　　树木地图　/ 4
　　树木资源清单　/ 6

基本路径
　　/ 9

活动列举
　　/ 11

课程计划
　　学期课程计划　/ 17
　　主题活动计划　/ 21

方案设计

主题活动方案 / 25

趣味小树林（中班） / 25

　一、集体活动　小树林里的树 / 25
　二、集体活动　寻找大树王 / 27
　三、集体活动　设计树王勋章 / 28
　四、生活环节渗透　颁发树王勋章 / 30
　五、集体活动　树王挑战赛 / 31
　六、区域活动　穿越丛林 / 33
　七、集体活动　浓浓桂花香 / 34
　八、收集活动　收集桂花 / 36
　九、集体活动　甜甜的桂花糕 / 37
　十、生活环节渗透　品尝桂花糕 / 39
　十一、调查活动　桂花还可以怎么吃 / 40
　十二、劳动活动　摘橘子啦 / 41
　十三、集体活动　橘子成熟了 / 42
　十四、生活环节渗透　剥橘子 / 43
　十五、区域活动　制作橘子汁 / 44
　十六、生活环节渗透　腌制陈皮 / 45
　十七、生活环节渗透　寻找树林里的种子
　　　　　　　　　　　　　　　　／46

十八、区域活动 公鸡头，母鸡头 / 47
十九、集体活动 种子的旅行 / 48
二十、集体活动 泥土里的小动物 / 50
二十一、区域活动 昆虫世界 / 52

系列活动方案 / 53

有趣的落叶（小班）/ 53

一、生活环节渗透 秋叶飘 / 53
二、集体活动 落叶的秘密 / 54
三、区域活动 落叶比一比 / 55
四、集体活动 捡落叶 / 56
五、收集活动 收集落叶 / 58
六、集体活动 会跳舞的落叶娃娃 / 59
七、区域活动 落叶找妈妈 / 60
八、集体活动 树叶拓印 / 61
九、区域活动 落叶喷画 / 63
十、集体活动 我和落叶玩游戏 / 64
十一、区域活动 穿树叶 / 65

树木地图（大班）/ 67

一、实践活动 我知道的树 / 67
二、写生活动 幼儿园的树 / 69
三、区域活动 设计树木统计表 / 71
四、调查活动 树木统计 / 73

五、区域活动 树木统计大汇总 / 75
六、集体活动 认识地图 / 76
七、实践活动 看地图，逛幼儿园 / 78
八、调查活动 幼儿园有什么 / 79
九、写生活动 幼儿园的建筑 / 81
十、实践活动 看地图，贴建筑 / 82
十一、区域活动 树木标志怎么做 / 84
十二、区域活动 制作树木专属标志 / 86
十三、实践活动 看地图，贴树木标志 / 87
十四、实践活动 展示树木地图 / 89
十五、集体活动 树木地图讲解员 / 90

单个活动方案 / 93

一、集体活动 保护树朋友（中班）/ 93
二、集体活动 叶子上的小血管（大班）/ 94
三、集体活动 听，大树在说话（大班）/ 96

活动叙事

黑豆的秘密（小班）/ 99
树去哪儿了（大班）/ 110

后　　记　　/ 125

资源介绍

　　大自然是活教材,是一部最真实、最丰富的百科全书。幼儿喜欢亲近自然,在大自然中,他们的天赋与灵性得以充分激发;树是大自然对人类的馈赠,与我们息息相关。

　　铜罗幼儿园地处水乡森林小镇——桃源镇的铜罗社区,该镇是上海、杭州、苏州、湖州四市之中心区域。铜罗素称"苗木之乡",从20世纪80年代起,这里就开始了大规模苗木种植和苗木销售,形成了产销一条龙的服务模式。铜罗农村几乎家家种树,随着绿化产业的蓬勃发展,苗木种植已由农户散点种植转向苗圃种植,规模更大、科学性更强,形成了浓郁的苗乡特色。在铜罗,绿化产业是当地人赖以生存的支柱产业,绿化产业衍生出了很多职业与工种,一年四季,人们围绕"树"做着各种不同的事情。在专业绿化队伍的运作下,铜罗苗木走出苏州,远销全国各地。蓬勃发展的绿化产业引发了幼儿一系列的探究活动。

　　铜罗幼儿园自带2 600平方米小树林,其中有1 000平方米香樟林,林中的香樟树树龄二十多年了,非常高大;一大片低矮茂密的桂花林中,有金桂、银桂、丹桂、四季桂等不同的品种;一小片桑树林中,有野生桑树和普通桑树;此外,还有橘子、石榴、山楂、枇杷、桃子、金橘等果树。小树林里树种形态丰富,孩子们喜欢在树林里游戏,在树林里探索;树是园内最经济、最便捷的优势资源。

　　树木资源的开发与利用是课程生活化、游戏化的体现。由树资源引发的课程,寓实践探究、游戏锻炼于一体,可以丰富幼儿生活,开阔幼儿视野,发展幼儿能力,促进幼儿的可持续发展,只有因地制宜地挖掘与开发这样的教育资源,才能构建具有本土特色的园本课程。

开发理念

　　幼儿园课程是帮助幼儿获得有益经验的载体。课程开发首先要以幼儿发展为本,充分发挥社区与家庭资源的优势,让教师、幼儿、家长三位一体共同探索课程的环境、活动的组织、课程的实施与优化策略,为幼儿营造开放的活动环境,让幼儿在活动中获得更多自主探索的机会;其次,要充分挖掘园内外树木资源的潜在价值,打破场地限制,利用不同形式合理筛选、有机整合,结合季节变化和幼儿兴趣,开展丰富多样的探究活动,让幼儿在与树的互动中探索奥秘、创造惊喜;带领幼儿走出园门,感受水乡森林小镇的自然气息与文化底蕴,提升幼儿爱生活、爱家乡、爱大自然的积极情感。

 生活教育理念

　　"教育的根本意义是生活之变化。生活无时不变,即生活无时不含有教育的意义。"幼儿的学习是镶嵌在生活中的,引导幼儿在生活中学习,可以让他们较容易地感知事物的特征、理解事件的规律,在直接感知的基础上得到成长。在铜罗,树木与幼儿、与家长、与人们的生活息息相关——树木可以美化环境、净化空气;经过加工之后,树木又变成了人们生活中不可或缺的日用品,服务大家的生活;树木作为商品卖出去后,可以改善生活条件,形成绿化产业。"树"就是幼儿生活的一部分,从生活出发,关注幼儿的生活经验和兴趣需要,可以让幼儿身边的资源变成学习和发展的载体。

课程游戏化理念

对幼儿来说，做游戏就是学习。依托本地树资源、绿化产业等，在园内打造自然野趣的游戏环境，有利于幼儿发展身体大动作、锻炼勇敢品质。如在大树上架起直的、斜的绳网，幼儿可以在上面爬、在下面钻；平放的长树干、竖放的短树桩，以及倒下的大树，能满足不同发展水平的幼儿的平衡功能；树上挂下的秋千、绳梯，树与树之间的荡桥、滑索等，可以培养幼儿的勇气；等等。

树的四季变化给幼儿提供了探索的无限可能，幼儿可以在自由自主的游戏、探究中亲近自然、感受生命。春天，他们想搞清楚香樟树为什么叶子掉得更厉害了；夏天，他们计划着去树林里搭建帐篷，参加野营；秋天，他们面对满园的桂花犯了愁："怎么把这些香喷喷的桂花收集、保存起来呢？"冬天，他们研究植物怎么过冬，寻找保护树木的方法……树让幼儿的学习更加生动，更加丰富，更加有趣，更加有效。

 全收获理念

"全收获"的"全"是指多层次、多方面、多主体，说明我们的教育不只是让幼儿有收获，不只是获得一个"结果"。"全收获"理念指导下的树资源开发意味着利用树给幼儿带来多样化的活动、多方面的经验。在这个过程中，除了幼儿，教师也是学习的主体，教师在创设环境、准备材料、提供支持的同时，对科学的儿童观、游戏观、课程观有了进一步的认识。这一过程也促使他们将理念转化为行动，在实践探索中推进幼儿园课程游戏化改革。家长的参与不仅可以增进亲子之间的情感交流，而且也能让家长获得科学的教育理念，从而促使亲子关系健康发展。

资源清单

树木地图

铜罗幼儿园的树木绝大部分种植在小树林，小树林中的树大多是建园初期由幼儿与家长共同种植的，至今树龄已超过 20 年，它们以香樟、桂花为主。香樟数量最多，树干直径均已超过 20 厘米。除小树林里，香樟在其余活动场地也有种植，树冠直径最大的有 5 米多；桂花树在小树林中有一大片，酒坛乐园中有 5 棵，品种包含金桂、银桂、丹桂、四季桂，一到秋天满园飘香，呈现出不同的样态；其他树木还有：桑树、柏树、广玉兰、枇杷、石榴、银杏等。为了让树的种类更多，园里又陆续种植了樱桃树、橘树、梨树、栀子树等果树、花树，共 19 个品种。园内有常绿树，也有落叶树；一年四季有不同品种的树开花、结果。

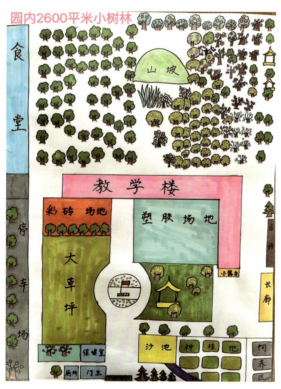

园内树木地图

园外，除了镇区，到处是成片的树木，有的是农户随意种植在田边地头的，有的则是科学管理的苗圃和生态园。在下图中，红色五角星为幼儿园，深绿色区域为成片树林，淡绿色区域中种植有较多的树木，其余零散种植的树木未作标记。

 树木资源清单

树木资源一览表（园内）

幼儿园里树木资源丰富，共有183棵，19个品种。课程建设的目的是引导幼儿关注树，观察树木的生长和变化过程，让每一棵树都能发挥最大的教育价值。

序号	树木名称	数量	位置	落叶/常绿	乔木/灌木	果树/非果树	花期	果期
1	香樟	93	小树林、草坪、种植地等	常绿	乔木	非果树	4—6月	10—11月
2	桂花	41	小树林、酒坛乐园	常绿	乔木或灌木	非果树	9—10月	3月
3	桑树	7	小树林	落叶	乔木或灌木	果树	4—5月	5—8月
4	柏树	5	种植地	常绿	乔木	非果树	3—5月	10—11月
5	广玉兰	5	小树林	常绿	大乔木	非果树	5—6月	9—10月
6	橘树	5	小树林	常绿	小乔木	果树	4—5月	10—12月
7	金橘	4	小树林	常绿	灌木	果树	3—5月	10—12月
8	银杏	3	停车场	落叶	大乔木	果树	3—4月	9—10月
9	石榴	3	小树林	落叶	乔木或灌木	果树	5—7月	9—10月
10	杜英	3	小树林	常绿	乔木	非果树	6—7月	10—12月
11	桃树	2	小树林	落叶	小乔木	果树	3—4月	8—9月
12	枇杷	2	小树林	常绿	小乔木	果树	10—12月	5—6月
13	柳树	2	小树林	落叶	乔木或灌木	非果树	3—4月	4—5月
14	栀子	2	小树林	常绿	灌木	非果树	3—7月	5—翌年2月
15	樱桃	2	小树林	落叶	乔木	果树	3—4月	5—6月
16	梨树	1	小树林	落叶	乔木或灌木	果树	3—4月	7—10月
17	山楂	1	小树林	落叶	乔木	果树	5—6月	9—10月
18	杨梅	1	小树林	常绿	小乔木	果树	4月	6—7月
19	白兰	1	小树林	落叶	大乔木	非果树	4—9月	8—9月

树木资源一览表(园外)

　　铜罗作为省级"苗木之乡",苗木种植面积达5万亩(1亩≈666.67平方米)。幼儿园出门即树林,百米之内就有两片大树林。其中,香樟树居多,桂花、水杉、无患子、石楠、女贞等树种数量次之。数量相对较少的树种,未列入表中;园内已有树木资源也不再重复列入。

序号	树木名称	落叶/常绿	乔木/灌木	果树/非果树	花期	果期	备注
1	水杉	落叶	乔木	非果树	2月下旬	11月	
2	八角金盘	常绿	乔木或灌木	非果树	10–11月	4月	
3	石楠	常绿	乔木或灌木	非果树	4–5月	10月	
4	红枫	落叶	乔木	非果树	4–5月	10月	
5	红花檵木	常绿	乔木或灌木	非果树	4–5月	8月	
6	黄杨	常绿	乔木或灌木	非果树	3月	5–6月	
7	紫荆	落叶	乔木或灌木	非果树	3–4月	8–10月	
8	红叶石楠	常绿	乔木或灌木	非果树	5–7月	9–10月	
9	樱花	落叶	小乔木	非果树	4月	5月	
10	茶花	常绿	乔木或灌木	非果树	10–翌年5月	10月	
11	紫薇	落叶	乔木或灌木	非果树	6–9月	9–12月	
12	海棠	落叶	乔木	非果树	4–5月	8–9月	
13	松树	常绿	乔木	非果树	3–5月	9–11月	
14	无花果	落叶	乔木或灌木	果树	5–7月	5–7月	

续表

序号	树木名称	落叶/常绿	乔木/灌木	果树/非果树	花期	果期	备注
15	朴树	落叶	乔木	非果树	4–5月	9–11月	
16	梧桐	落叶	乔木	非果树	6月	10–11月	
17	槐树	落叶	乔木	非果树	6–7月	8–10月	
18	榉树	落叶	乔木	非果树	4月	10月	
19	柿子树	落叶	大乔木	果树	5–6月	9–10月	
20	杏树	落叶	乔木	果树	3–4月	6–7月	
21	棕榈	常绿	乔木	非果树	4月	12月	
22	红梅	落叶	小乔木	非果树	2–3月	6–7月	
23	鸡爪槭	落叶	小乔木	非果树	5月	9月	
24	李树	落叶	小乔木或灌木	果树	4月	7–8月	
25	梅花	落叶	小乔木或灌木	非果树	春冬季	5–6月	
26	苹果树	落叶	乔木	果树	5月	7–10月	
27	杨树	落叶	乔木	非果树	3–4月	4–5月	
28	池杉	落叶	乔木	非果树	3月	10–11月	
29	垂丝海棠	落叶	乔木	非果树	3–4月	9–10月	
30	枫香	落叶	乔木	非果树	3–4月	9–10月	
31	海桐	常绿	乔木或灌木	非果树	3–5月	9–10月	
…							

🌙 基本路径

园内树林，园外苗圃，都是丰富的教育资源，幼儿园以树资源为载体，从园内树林和园外苗圃两条路径开展探索活动。在园内，结合树木一年四季的变化，引导幼儿在探索过程中运用观察、记录、探究等方式与树互动；在小组、班级、全园等不同层次的分享交流中进行经验共享，锻炼幼儿各方面的能力。树是有生命的，它与动物、与人、与环境都密切相关，在树资源开发利用中要将科学知识渗透其中，有意识地引导幼儿探索植物生长的秘密、探究植物的四季变化等。在园外，让幼儿实地参观、亲身体验，通过亲子调查、访谈等形式了解树木的去向，知道树木运输的方式等。园外丰富的树木品种是对园内树资源的补充，园外资源引发的活动是对园内活动的拓展。

树资源引发活动的路径

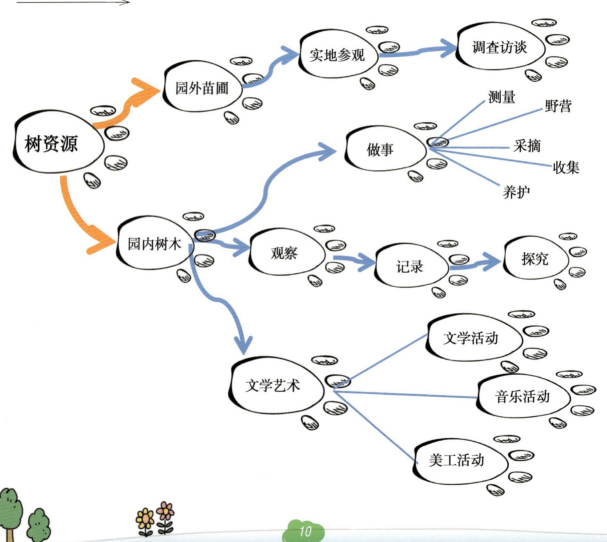

🌙 活动列举

面对园内外丰富的树资源，我们立足幼儿的学习和发展，通过儿童视角发现与利用资源，将做事的机会还给幼儿，为幼儿创设丰富多彩的活动，让幼儿在与资源的互动中获得身心的全面发展。如在参观老街的过程中，将树与历史人文相联系；在调查、交流、畅想挖树工具的过程中，感受现代科技的发展。在参观、调查、制作中让幼儿看见资源、感受资源，将资源转化成自身经验。在资源的开发利用中，教师教学中的上位意识增强了，对资源的价值分析和从资源到幼儿活动的实施路径有了更深层次的思考，教师能更多思考事物背后的逻辑，思考我们要培养怎样的人。

活动列举表

活动类别与名称		领域	关键经验	年龄班	实施途径				
					教学	区域	生活环节	运动	实践
主题活动	亲亲大树（18）	科学、语言、艺术	1. 认识常见的树木并能说出它们的名称。 2. 对身边的树感兴趣，能提出各种问题。 3. 能在平放的树桩上走一段距离。 4. 能用多种感官探索树木，了解树的主要特征。	小班	集体活动、小组活动、个别活动	美工区、益智区、语言区、科学区	晨间、餐前、散步时	跑、跳、跃	收集、调查
	趣味小树林（21）	健康、科学、语言、艺术	1. 喜欢参加体育活动，能在户外环境中连续活动半小时左右，在追逐游戏中主动躲避危险。 2. 感知和区分树木数量方面的特点，并尝试用图画或其他符号进行记录。 3. 对事物或现象进行观察比较，感知和发现季节对动植物和人生长变化的影响。 4. 喜欢欣赏自然界和生活中美的事物，能用绘画、捏泥、手工制作等多种方式表现。	中班	集体活动、小组活动、个别活动	美工区、科学区、语言区、建构区、益智区	晨间、餐前、餐点、离园时	跑、跳、走、平衡	观察、收集、调查
	树的旅行（28）	社会、科学、语言、艺术	1. 了解树木的用途，对树木及绿化产业产生兴趣。 2. 调查各种树木的挖掘、运输方式，了解家乡的树销往何地。 3. 能围绕树主动发起活动或在活动中出主意、想办法。 4. 能围绕树主动发起活动或在活动中出主意、想办法。 5. 了解树木的特征、习性与自己生存环境的适应关系。 6. 能用简单的记录表、统计图等表示自己的发现或简单的数量关系。	大班	集体活动、小组活动、个人活动	美工区、益智区、语言区、表演区、建构区	散步时	远足	参观、调查、收集、远足

续表

活动类别与名称		领域	关键经验	年龄班	实施途径				
					与名称	区域	生活环节	运动	实践
主题活动	幼儿园里的树（25）	科学、语言、艺术、社会	1. 感受秋天树林的特征，并用语言表述。 2. 知道幼儿园里各种树木的名称，产生爱护树木的情感。 3. 讨论树木统计的方法，能用自己喜欢的方式进行记录。 4. 抓住树木的不同特征，用标记表现。 5. 了解地图的要素，设计树木地图。	大班	集体活动、小组活动、个人活动	科学区、美工区	晨间、散步时	跑、走、攀、爬	调查
系列活动	好玩的落叶（11）	科学、艺术、健康	1. 对秋天落叶的现象感兴趣。 2. 用多种方式感知落叶。	小班	集体活动、小组活动、个人活动	美工区、语言区	散步时	抛接	调查、收集
	橘子甜甜（5）	科学、艺术	1. 了解橘子的特征。 2. 学习剥橘子皮，体验品尝橘子的快乐。	小班	集体活动、小组活动、个人活动	科学区、美工区	餐点	追逐	榨橘子汁
	枇杷树的秘密（8）	语言、健康、艺术	1. 对枇杷树的外形、功用有初步认识。 2. 乐意用多种形式表现枇杷、枇杷树。	中班	集体活动、小组活动、个人活动	科学区、美工区、语言区	餐点、散步时		调查
	你最珍"桂"（6）	科学、艺术、语言	1. 认识桂花的基本形状，知道桂花在秋季开放。 2. 学习腌制桂花蜜，对可食用的花感兴趣。	中班	集体活动、小组活动、个人活动	美工区、语言区、生活区	餐前、餐点		调查
	树根的秘密（7）	科学	1. 了解树根的作用，对树根感兴趣。 2. 大胆想象并进行树根创意。	大班	集体活动、小组活动、个人活动	科学区、美工区、语言区	散步时		参观、调查
	帐篷搭搭乐（12）	科学	1. 了解帐篷的结构，大胆设计帐篷。 2. 乐于与同伴合作，能积极想办法解决问题。	大班	集体活动、小组活动、个人活动	科学区、美工区			收集、搭建

续表

活动类别与名称		领域	关键经验	年龄班	实施途径				
					教学	区域	生活环节	运动	实践
单个活动	摸摸大树就回来	健康	能听指令做动作，学习并脚跳的动作。	小班	小组活动		散步时		
	树真好	语言	学习在集体中安静地听故事，学说"树真好……"	小班	集体活动	语言区			
	小手大树	艺术	乐意参与手掌玩颜色活动，加深对小手的认识，体验手掌印画的乐趣。	小班	集体活动、小组活动	美工区	散步时		
	枝枝丫丫的树	艺术	在观察、欣赏图片的基础上，尝试用长长短短、弯弯曲曲的线条表现树和树杈。	小班	集体活动	美工区	散步时		
	春天的树	艺术	初步尝试用深浅不同的颜色装饰"春天的树"，感知同种颜色的不同色调。	小班	集体活动、小组活动	美工区	散步时		收集
	摘果子	健康	初步学习解、扣纽扣的方法。	小班	小组活动	生活区	午睡		
	喂小动物	健康	会较熟练地使用勺子舀种子，学习用语言表达"我请你吃……"。	小班	小组活动	生活区	散步时、就餐时		
	两棵树朋友	语言	观察画面，大胆猜测、表述绘本故事的情节内容。	中班	集体活动	语言区	餐后		
	保护树朋友	艺术	了解故事情节，能跟随音乐的节奏做出相应的动作。	中班	集体活动	科学区、表演区	晨间		
	不一样的树	科学	知道树的外形特征是多种多样的，认识一些常见的树。	中班	集体活动、小组活动	美工区	散步时		

续表

活动类别与名称		领域	关键经验	年龄班	实施途径				
					教 学	区域	生活环节	运动	实践
单个活动	秋天的小树林	艺术	发现秋天树林的色彩变化，能大胆地用色彩进行表现。	中班	集体活动、小组活动	美工区	散步时		收集
	给小树浇水	体育	1. 练习持物在宽25厘米的平行线中间行走，保持身体平衡。 2. 能选用合适的工具，把水运至目的地。	中班	集体活动		晨间、餐后		
	树荫	语言	初步理解故事内容，愿意大胆讲述故事。	中班	集体活动	美工区	散步时		
	小小野战军	健康	学习匍匐前进的动作要领，能灵活地穿过各种障碍，喜欢参加小组竞赛活动。	大班	集体活动			攀爬	
	树叶下有什么	科学	了解小动物的生活习性，能仔细观察并大胆表达自己的发现。	大班	集体活动	科学区、自然角	散步时		
	树林里的测量	科学	学习用测量工具测量树与树之间的距离，并作记录。	大班	集体活动、小组活动		散步时		
	小树叶去旅行	语言	知道秋天是落叶的季节，能模仿故事中的句式表达自己的想象。	大班	集体活动	语言区			
	听，大树在说话	语言	在听一听、看一看、说一说中丰富对大树作用、种类等的了解。	大班	集体活动	语言区			
	叶子上的小血管	科学	了解叶脉的形状，尝试按照叶脉的形状对树叶进行分类。	大班	集体活动	科学区			
	有趣的木陀螺	社会	观察木陀螺的结构，学习抽陀螺，对民间传统游戏感兴趣。	大班	小组活动	科学区			

注：括号内的数字表示活动个数。

课程计划

　　为了进一步贯彻落实《3—6岁儿童学习与发展指南》（以下简称《指南》）及课程游戏化精神，提升教师对树资源的有效利用，推进课程游戏化改造，幼儿园以园内外树资源为切入点，结合一年四季树资源的变化，坚持从儿童的兴趣和发展出发，将树资源的开发利用引入幼儿园主题活动、游戏活动、生活活动等。如春天，让幼儿跟着运树的大卡车开始"树的旅行"；夏天，让幼儿钻进小树林里，"亲亲大树"，感受清凉；秋天，小树林里有香喷喷的桂花、沉甸甸的橘子，还有绿的、红的、黄的树叶，幼儿称之为"趣味小树林"；冬天，观察一年里树木的变化，制作"树木地图"……通过一年四季不同形式的课程，幼儿在与树的"互动"中不断观察、发现、探索、实验，获得了有益于自身发展的知识经验。树资源进入学期课程计划、主题计划，一方面可以开拓教师视野，另一方面可以让树资源真正服务于幼儿的兴趣、需要和发展，实现课程资源到幼儿经验的有效转化。

学期课程计划

学期课程计划一览表1

年度 <u>2020-2021</u>　　　　学期 <u>第二学期</u>　　　　年龄班 <u>中班</u>　　　　填表人 <u>中班组</u>

序号	主题名称	主题目标 （价值分析）	主题持续时间	主要资源列举			主题来源
				自然	社会	文化	
1	你快乐，我快乐	1. 知道自己长大了一岁，在新学期里要不断进步，学会做更多的事情，有积极向上的愿望。 2. 愿意保持愉快的心情，乐意尝试多种方法让自己和别人(同伴、家人)快乐。 3. 会通过多种途径，采用多种方法认识家庭，体验家庭的温暖、关怀与快乐，有爱父母、爱其他长辈以及爱家庭的情感。	4周	1. 植物 2. 动物	1. 社区 2. 家庭 3. 班级 4. 园内户外场地	1. 元宵节习俗 2. 花灯 3. 图片 4. 视频 5. 音乐 6. 台布	购买的蓝本课程
2	我找到了春天	1. 喜欢观察周围事物的变化，知道春天是播种和植物生长的季节。 2. 会通过观察和欣赏文学作品感受春天的美丽，会用诗歌、故事、音乐、美术等多种形式，表现出自己对春天的认识和情感。 3. 能认真地参加集体劳动，能与同伴协商使用玩具和材料。 4. 能徒步行走1.5千米左右，对疾病有一定的抵御能力。	4周	1. 小树林* 2. 自然角 3. 种植园地 4. 田野	1. 园内户外场地 2. 社区 3. 公园	1. 图片 2. 视频 3. 音乐 4. 数卡 5. 风筝 6. 实物标本	购买的蓝本课程
3	热闹的小树林*	1. 了解季节顺序及树木的相应特征，知道树木的多种用途。 2. 知道小鸟是人类的朋友，初步了解爱护小鸟的方法，提高环保意识和能力。 3. 喜欢参与小树林的各种游戏和探索活动，能大胆表达自己的发现。 4. 尝试用折、揉、搓、撕等方法制作、表现大树，感受艺术创作的乐趣。 5. 发现周围事物的不同特征，学习按物体的两个特征进行排序。	3周	1. 幼儿园内的树 2. 小鸟 3. 树桩 4. 鸟巢	1. 社区 2. 荒天池	1. 图片 2. 视频 3. 音乐	自主开发的园本课程

续表

序号	主题名称	主题目标（价值分析）	主题持续时间	主要资源列举			主题来源
				自然	社会	文化	
4	古韵铜罗	1. 能说出自己家乡的名称，认识家乡的几种特产和知名产品，为自己的家乡自豪。 2. 会用游戏、绘画、制作等方法表现自己对家乡的认识及情感，初步感知"家乡"的含义。 3. 能连续走30分钟去参观老街，有一定的耐力。 4. 观察老街房子、廊棚、凉亭等的外形特征，对家乡的发展、变化感兴趣。 5. 搜集家乡的传说故事，乐于用多种方式表现这些故事，以加深对家乡历史的了解。	3周	1. 气候 2. 树根*	1. 党史馆 2. 酒文化馆 3. 老房子 4. 古桥 5. 荒天池 6. 亭子	1. 家乡美食、特产 2. 家乡习俗 3. 民间游戏 4. 家乡历史 5. 根雕	自主开发的园本课程
5	热闹的夏天	1. 知道"六一"儿童节是小朋友自己的节日，感受节日的欢乐气氛，体验过节的喜悦。 2. 乐意参加"六一"儿童节丰富多彩的活动，学习用语言、美术、音乐等方式表达自己在节日中的感受。 3. 借助社会调查等形式，关心夏季里坚守岗位、辛勤工作的人，尊重、珍惜他们的劳动成果。 4. 尝试对植物进行连续观察，感受夏季里植物的生长变化。 5. 知道夏季卫生知识，能适应较高的气温，学会防暑降温的方法，保持个人卫生和公共卫生。	4周	1. 气候 2. 小树林里的树木* 3. 种植园里的植物 4. 雷雨	1. 社区 2. 池塘	1. "六一"儿童节 2. 夏季用品 3. 夏季食品 4. 图片 5. 视频 6. 音乐 7. 调查表	购买的蓝本课程

注：带*者是利用本书所谈资源开发的活动。

有树真好

学期课程计划一览表 2

年度 <u>2020-2021</u>　　　学期 <u>第二学期</u>　　　年龄班 <u>大班</u>　　　填表人 <u>大班组</u>

序号	主题名称	主题目标 （价值分析）	主题持续时间	主要资源列举				主题来源
				自然	社会	文化	网络	
1	春节日志册	1. 愿意交流自己的春节趣事，了解一些关于春节的风俗习惯。 2. 有自己的新年理想，尝试与同伴合作用绘画表现自己的理想，体验合作的乐趣。 3. 知道元宵节是中国的传统节日，了解元宵节主要的风俗习惯。	1周		社区、公园的新年环境布置	1. 各地过年习俗的图片 2. 元宵节的习俗、故事	1. 过年的民间故事 2. 元宵节的民间故事	自主开发的园本课程
2	小问号	1. 知道科学家的职责，萌发做科学家、愿意为人类进步做贡献的愿望。 2. 了解简单的自然现象形成的原因，喜欢做科学小实验。 3. 在艺术创作活动中，能主动表达自己的创作观点，坚持把作品完成。 4. 在户外活动中学习沿曲线追逐跑，找出转弯时身体重心变化的规律。	3周	1. 季节变化 2. 天气气候	社区健身器材	1. 图书 2.《星月夜》名作		购买的蓝本课程
3	我们在春天里	1. 在主动参与活动中感知和发现春季气温、人们的活动、生物生长的变化等，感受春天生机勃勃的景象。 2. 养成观察记录的习惯，学会用简图等方式记录探索发现的过程和现象。 3. 会运用多种绘画工具和材料，并能创造性地运用。	4周	1. 野菜 2. 小树林* 3. 种植园地的植物	1. 社区 2. 公园	踏青习俗	1. 种子发芽的视频 2.《小蝌蚪找妈妈》动画片	购买的蓝本课程

19

续表

序号	主题名称	主题目标（价值分析）	主题持续时间	主要资源列举				主题来源
				自然	社会	文化	网络	
4	树的旅行*	1. 能说出本地种植数量较多的树木名称，对树木及绿化产业产生兴趣。 2. 对树木的砍伐、运输工具感兴趣，能通过多种途径调查、寻找问题的答案，并乐于与他人分享自己的调查结果。 3. 了解家乡的树销往何地，知道不同地区的自然气候存在差异。 4. 了解木建筑、木制品与人们生活的关系，感受树木资源在生活中的运用。	4周	小树林中不同种类的树	1. 苗圃 2. 绿化带	地图	查找树木都运输到哪些地方	自主开发的园本课程
5	我们毕业了	1. 积极回忆在幼儿园的成长过程，体验成长的快乐，珍惜在幼儿园三年的美好时光。 2. 能围绕话题进行谈话，会用完整、连贯的语言清楚地表达自己的想法。 3. 感知幼儿园工作人员对自己的关心和爱护，愿意为集体做力所能及的事。 4. 了解小学生生活，积极做好入学准备。 5. 较清楚、连贯地讲述自己的成长故事，学习用连环画的形式记录下来。	6周		小学	1. 各国儿童形象 2. 藏族乐曲、舞蹈		购买的蓝本课程

注：带 * 者是利用本书所谈资源开发的活动。

主题活动计划

主题活动计划一览表1

年度 2020—2021　　　学期 第一学期　　　执行日期 10—11月　　　年龄班 小班　　　填表人 施娟

主题名称	持续时间	活动名称	来　源	主要资源
家乡的秋天	3周	秋天景色美 *	购买的蓝本课程	小树林的树、树叶
		树叶排队 *	购买的蓝本课程	各种树叶
		秋叶飘	购买的蓝本课程	《幼儿画册》、落叶、秋虫
		多彩的树叶 *	购买的蓝本课程	树叶、蜡笔、图片
		秋叶 *	购买的蓝本课程	树叶图片、音乐
		剥橘子 *	购买的蓝本课程	小树林的橘子树
		水果在哪里	购买的蓝本课程	水果的图片
		一起捡落叶 *	购买的蓝本课程	幼儿园里的树、落叶
		一串红	购买的蓝本课程	棉签、一串红、颜料
		美丽的菊花	购买的蓝本课程	菊花图片
		彩色的雨滴	购买的蓝本课程	颜料、音乐
		秋天的色彩	购买的蓝本课程	图片
		小树叶找妈妈	购买的蓝本课程	头饰、小树叶、音乐
		花儿好看我不摘	购买的蓝本课程	花儿的图片
		好玩的树叶 *	购买的蓝本课程	树叶、颜料、排笔、胶棒

注：带 * 者是利用本书所谈资源开发的活动。

主题活动一览表 2

年度 <u>2020—2021</u>　　学期 <u>第二学期</u>　　执行日期 <u>5—6月</u>　　年龄班 <u>小班</u>　　填表人 <u>施娟</u>

主题名称	持续时间	活动名称	来源	主要资源
亲亲大树*	2周	认识香樟树	自主开发的园本课程	园内香樟树
		我认识的树	自主开发的园本课程	园内外各种各样的树
		我和大树玩游戏	自主开发的园本课程	园内各种树木
		找树叶	自主开发的园本课程	园内小树林
		捡落叶	自主开发的园本课程	园内小树林
		打扮树妈妈	自主开发的园本课程	大树背景图、彩纸
		小树叶排队	自主开发的园本课程	各种形状、大小不一的树叶
		小树叶找家	自主开发的园本课程	各种各样的树叶
		收集树宝贝	自主开发的园本课程	树叶、树枝、树根
		小熊和树荫	自主开发的园本课程	绘本《小熊和树荫》
		有趣的树荫	自主开发的园本课程	园内枝繁叶茂的香樟树
		树叶书签	自主开发的园本课程	各种各样的树叶、彩纸、颜料
		爱护树苗苗	自主开发的园本课程	图谱、树苗头饰、音乐

注：带 * 者是利用本书所谈资源开发的活动。

有树真好

主题活动一览表 3

年度 2020—2021　　　学期 第一学期　　　执行日期 9—10月　　　年龄班 中班　　　填表人 董萍

主题名称	持续时间	活动名称	来源	主要资源
趣味小树林*	3周	小树林里的树	自主开发的园本课程	幼儿园小树林
		浓浓桂花香	自主开发的园本课程	桂花树
		收集桂花	自主开发的园本课程	桂花树
		甜甜的桂花糕	自主开发的园本课程	桂花、面粉
		品尝桂花糕	自主开发的园本课程	桂花糕、蒸锅
		寻找大树王	自主开发的园本课程	幼儿园小树林
		设计树王勋章	自主开发的园本课程	彩纸、颜料、画笔
		颁发树王勋章	自主开发的园本课程	毛线
		寻找树林里的种子	自主开发的园本课程	幼儿园小树林
		种子的旅行	自主开发的园本课程	各种植物种子
		橘子成熟了	自主开发的园本课程	橘子树
		剥橘子	自主开发的园本课程	橘子树、橘子
		制作橘子汁	自主开发的园本课程	橘子、榨汁机
		泥土里的小动物	自主开发的园本课程	幼儿园小树林、挖泥工具
		昆虫世界	自主开发的园本课程	幼儿园小树林

注：带*者是利用本书所谈资源开发的活动。

主题活动一览表 4

年度 <u>2020—2021</u>　　学期 <u>第二学期</u>　　执行日期 <u>4—5月</u>　　年龄班 <u>大班</u>　　填表人 <u>沈晓庆</u>

主题名称	持续时间	活动名称	来源	主要资源
树的旅行*	3周	大树去哪了	自主开发的园本课程	园内外各种各样的树
		大树要到哪里去	自主开发的园本课程	园内外各种各样的树
		树木销售地图	自主开发的园本课程	树、地图
		挖树工具大调查	自主开发的园本课程	树、挖树工具、视频
		运树我知道	自主开发的园本课程	树、视频、交通工具
		我知道的行道树	自主开发的园本课程	行道树
		探秘行道树	自主开发的园本课程	行道树
		保护树朋友	自主开发的园本课程	图片、视频
		树木品种知多少	自主开发的园本课程	树、苗圃
		奇特的树	自主开发的园本课程	树木、图片
		小小园林设计师	自主开发的园本课程	园林设计图纸、树木图片
		收集木制品	自主开发的园本课程	木制品、图片
		老街上的木匠店、箍桶店	自主开发的园本课程	木匠店、箍桶店、木头
		有趣的木家具	自主开发的园本课程	木质家具

注：带 * 者是利用本书所谈资源开发的活动。

方案设计

主题活动方案

⭐ 趣味小树林（中班）

一、集体活动 小树林里的树

活动目标

（1）认识树的种类，熟悉幼儿园小树林里树的名称，寻找它们的不同特征。

（2）了解树的作用，知道要爱护树木。

活动准备

（1）请家长和幼儿一起搜集有关树的资料。

（2）收集有关树的书籍和活动辅助材料（皱纹纸、报纸、剪刀、橡皮泥、插花、积木、各种花布等）。

（3）幼儿对小树林里树的外形、特点有前期认识。

活动过程

1. 找找小树林里的树，认识树木。

（1）老师和幼儿到小树林的各个地方去观察树木，让幼儿说一说认识的树的名称与特点。

这是什么树？它有什么特点？

（2）对幼儿不熟悉的树，教师拍照片，幼儿观

察记录这棵树的特点，并通过查阅书籍、上网、咨询专业人员等方式进行了解。

2. 鼓励幼儿提出统计树木数量的方法，尝试数一数幼儿园里共有多少棵树、多少种树、多少落叶树、多少常绿树。

我们可以用什么方法来统计树木的数量？哪些是落叶树？哪些是常绿树？它们分别有多少棵呢？

3. 谈话。

我们看到了什么树？它们有什么特征？还发现了哪些树的秘密？

4. 鼓励幼儿把自己发现的树的秘密画下来，并积极、大胆地表达自己的想法。

活动延伸

将探索树木活动对于幼儿成长的价值告诉家长，让家长带领幼儿到大自然中去认识更多的树、了解树的名称和用途、观察树的外形特征，找找会有哪些新的发现。

活动反思

在这个活动开始前，先请家长和幼儿一起搜集有关树的资料。活动中，让幼儿先仔细观察几种不同树木的照片，然后再请幼儿讨论看到了什么，说说这些树的名称及特征，等等。带领幼儿到幼儿园的小树林里走走，观察真实的树，仔细辨别树与树之间的不同，再选择不同的方式记录树木的特征和种类。幼儿在认真观察和记录的过程中，生发了不同的兴趣点，收获了关于树的经验。家长是幼儿园教育的合作伙伴，可以请家长利用周末时间和幼儿一起去公园、苗圃、树林、田野等找一找幼儿园小树林里没有的树木，发现更多树的秘密。

（陆宇舟）

二、集体活动　寻找大树王

活动目标
（1）尝试用不同的测量工具和方法测量树，知道树干的高矮、粗细等。
（2）运用测量及记录的方法寻找幼儿园里的大树王。

活动准备
长短绳子、各种尺、记录纸、笔等。

活动过程

1. 了解幼儿园里的树。

引导幼儿用目测的方法观察比较树的粗细、高矮，用简单的语言进行表达。

讨论：这些树长得一样吗？有什么不同？

2. 开展讨论，寻找测量树干粗细的方法。

（1）讨论发现树干有的粗、有的细。

（2）思考如何知道树干的粗细。

交流：可以用眼睛看、手环抱、尺量、绳子量等。

（3）如何更加精确地进行测量？

小结：粗细差别大的树，可以通过眼睛看、手环抱等方式来测量；如果两棵树粗细差别比较小，就可以用更精细的工具测量方法，如用绳子、尺子测量。

3. 寻找大树王。

（1）幼儿园里的大树王是哪一棵？鼓励幼儿去找一找、猜一猜。

（2）寻找真正的大树王。通过用工具测量、记录、比较结果，选出大树王。

4. 小结。

大树王是哪棵树？它是一棵什么树？你们用什么方法测量出来的呢？它在幼儿园的哪个位置？请幼儿在园内树木地图上标出来。

活动反思

在"寻找大树王"的活动中，幼儿自主寻找了各种测量工具，自主探索了测量的方法，找出了幼儿园里最大的树。当幼儿对两棵大树的大小产生分歧的时候，教师介入讨论，从如何判断哪棵树最大，到利用更为精准的工具进行测量，并记录、比较，直到找出真正的大树王。活动中，幼儿们兴趣浓厚，不仅学会了选择合适的工具、正确测量及记录的方法，还在寻找大树王的过程中积累了经验。

（陆宇舟）

三、集体活动　设计树王勋章

活动目标

（1）了解勋章的意义，体验创意制作的乐趣。

（2）掌握勋章的制作方法，大胆设计勋章。

重点难点

设计、制作勋章，并能说出自己设计的勋章所代表的意思。

活动准备

图片、背景音乐。

活动过程

1. 带领幼儿去园内小树林认识大树王。

（1）让幼儿说一说"大树王"是什么意思。

（2）每个人都有属于自己的身份证，我们选出的大树王也应该有属于自己的身份信息。我们帮它设计一个树王勋章，上面可以有哪些信息呢？

幼儿讨论：树木的品种、树木的外形、种植的日期、树的直径数据、树木的习性特点等。

2. 幼儿探索制作的方法。

（1）设计树王勋章可以用什么形式来表现？（绘画、剪贴、涂色等）

（2）交代制作步骤，先设计树王勋章外形，再设计勋章要表现的内容，以及表现形式。

3. 幼儿创作，教师巡回指导。

（1）选择制作材料。

（2）幼儿设计表现树王勋章身份信息的有代表性的图案或内容。

4. 欣赏与评价。

（1）制作完成后，将作品进行展示，请幼儿说说自己设计的作品有什么含义。

（2）总结：勋章的形状、图案多种多样，且都有着不同的意义。每一位幼儿创作的树王勋章都很特别，树王一定很喜欢。

活动反思

本次活动体现了幼儿在玩中学、在学中玩的教学理念,让幼儿在创意美工活动中体验了成功与欢乐。整个活动都能体现幼儿的自主性,寓教于乐,既培养了幼儿对美术活动的兴趣,也充分发展了幼儿的理解能力和想象能力。勋章的形状、图案各异,幼儿的设计都有着不同的含义。在设计勋章的过程中,幼儿的讨论、分享也是一种相互的支持和促进,有着特别的价值和意义。

(任敏雯)

四、生活环节渗透 颁发树王勋章

活动缘起

在上一个活动中,幼儿给小树林里的大树王设计了各种样式的树王勋章,为了让幼儿感受到创作的乐趣,体验成就感,下午的户外游戏时间里,孩子们要给大树王颁发勋章。

活动准备

经验准备: 幼儿事先已经认识大树王。

工具和材料: 幼儿制作并塑封好的树王勋章、不易腐烂的锦纶绳。

活动内容和方式

幼儿带上自己设计的树王勋章来到了小树林,分组将自己设计的树王勋章挂到大树王身上。

活动中的指导

(1)挂树王勋章时要避免拥堵,提醒幼儿分组进行。

(2)系绳子的时候打结要结实,树王勋章可以挂得高高低低,尽可能不要重叠。

活动延伸

鼓励幼儿在美工区运用多种材料制作不同的树王勋章。

（贝红平）

五、集体活动 树王挑战赛

活动目标

（1）能大胆选择自己喜欢的方式越过障碍物，学习双脚立定屈膝向上跳的动作，锻炼下肢力量。

（2）能遵守游戏规则，体验体育运动的快乐。

活动准备

（1）小树林场地布置：在大树王上用绳子悬挂落叶（离地面约1.3~1.6米，具体高度可以根据幼儿发展水平决定），在场地上用轮胎、10~20厘米高的树桩等布置成障碍物。

（2）自制小勇士勋章若干。

活动过程

1. 准备活动：热身运动。

幼儿来到小树林，教师以大树王要给幼儿颁发"小勇士勋章"引出活动，激发幼儿参与活动的积极性。

幼儿跟随老师沿场地走走跑跑，并利用场地上的障碍物做简单的热身运动。

2. 基本部分。

（1）观察场地，讨论游戏规则。

幼儿观察场地上轮胎及树桩的分布情况，说说可以用什么方法越过这些障碍物。

（2）幼儿用自己的方式轮流越过障碍物，交流哪种方法更好。

（3）制定游戏规则：选择一种越过障碍的方式。

（4）幼儿按规则越过障碍，到达大树王下方后跳起，摘下悬挂在上面的树叶。

（5）讨论小结。

让个别幼儿演示跳跃动作，讨论跳跃的动作要领及注意事项：双脚站稳后，膝盖弯曲，用力向上跳起，一条手臂伸直去摘挂在上面的树叶。

（5）游戏"树王挑战赛"。

每位幼儿越过障碍后有两次起跳摘树叶的机会。

（6）更换越过障碍的方式，继续游戏两次。

3.结束部分。

播放轻松音乐，为得到4片以上树叶的幼儿颁发"小勇士勋章"。

活动反思

游戏是幼儿最喜欢的活动，而在大自然中进行的体育游戏，幼儿更加钟爱。本次活动由前期幼儿给大树王颁发勋章引起，通过大树王与幼儿互相颁发勋章，增加幼儿与树之间的"互动"；将大树、树林场地等布置成有一定挑战性的游戏环境，激发幼儿的游戏兴趣。游戏中采用落叶作为道具，一方面材料方便可得，另一方面也有利于幼儿在游戏中进一步与树亲密接触。树林中的泥土地，不像水泥地那么坚硬，也不像海绵垫那样柔软，能在幼儿落地时很好地保护他们的身体，避免发生意外。

（姚玉芳）

六、区域活动　穿越丛林

经验联结

把绳子从树上挂下来可以用来玩跳跃游戏,那么在树与树之间连上绳子,我们可以怎么玩呢?可以通过在相邻的几棵树上绑上横的、斜的绳子,布置出"穿越丛林"游戏区。

活动目标

(1)灵活运用爬、钻、跨等动作穿过"丛林",发展身体协调性,体验树林游戏的乐趣。

活动准备

经验准备:幼儿有爬、钻、跨、跳等经验。

材料投放:较长的绳子。

活动内容

幼儿根据场地中布置的绳子,采用合适的动作穿过,对于离地面较高的绳子可以从下面爬过或钻过,对于离地面较低的绳子可以跨过或跳过……

活动要求

(1)穿过绳子的时候不能触碰到绳子。

(2)游戏时不推不挤,有困难时可以互相帮助。

指导要点

根据绳子的具体情况选择穿过绳子的方式,处于游戏场地中间时,要注意观察前后左右的绳子,不碰到身侧或身后的绳子。

活动延伸

增加绳子的数量,继续布置更复杂的丛林游戏区。

(姚玉芳)

七、集体活动　浓浓桂花香

活动目标

（1）初步认识桂花树，了解桂花树的特点及用途。

（2）能用自己的方法对观察过程进行简单的记录。

（3）发现天气、季节、气候对桂花树的影响，愿意与同伴一起探索、交流。

活动准备

记录纸、笔。

活动过程

1. 多感官感知桂花树的各个部分。

（1）带领幼儿至桂花树边，闻桂花的香气。

你们闻到什么了？是怎样的气味？

（2）幼儿利用各种感官来感知气味来自哪里。

闻一闻、摸一摸、看一看桂花树树皮、树叶、树枝、花朵。

（3）给桂花树拍照、写生。

幼儿观察桂花，把自己的发现在记录纸上记下来，观察后请部分幼儿讲述自己的记录与发现。

（4）了解桂花。桂花的形状、颜色是怎样的？远远看一看桂花的花朵是什么样子的？像什么？走近仔细看看花朵里有什么？摸一摸有什么感觉？闻一闻是什么味道？桂花树的树干是什么样的？发现了什么？埋在土里的是桂花树的什么？猜一猜桂花树的树根是怎样的呢？

（5）小结：桂花树的树干不是很粗，也不是很高，但是树冠很大，散发出好闻香气的就是桂花的花朵。

2.了解桂花树的树叶、树枝、树皮、树根、花朵、果实分别有什么作用。

（1）引导幼儿逐一说出自己对桂花树各部位的认识。

（2）教师小结。

3.请幼儿回忆与桂花树有关的经验。

哪里有桂花树？你和桂花树做过什么游戏？桂花树一年四季都一样吗？在不同的季节，桂花树发生了哪些变化？

活动延伸

（1）请幼儿找找园外的桂花树，看看它与园内的是否一样。

（2）通过图书、网络等工具了解更多有关桂花树的秘密。

活动反思：

活动中，幼儿通过初步分享与桂花树相处的经验，认识了桂花树的不同部位，了解了它们的作用。在实地的近距离接触中，幼儿通过闻一闻、摸一摸、看一看，多感官参与，与桂花树树叶、树枝、树皮、树根、花朵、果实充分接触，感知身边的美，学习用不同的方法——拍照、绘画等进行记录，对"科学就在身边"有了充分体验。

（陆宇舟）

八、收集活动　收集桂花

活动缘起

通过前期的活动，幼儿知道了桂花不仅很香，而且还可以食用，因此，在桂花盛开的季节，我们决定收集一些桂花，用以制作美味的食物。

活动准备

经验准备：幼儿认识的桂花的种类。

材料投放：塑料袋若干、四种桂花的贴纸若干、布、塑料薄膜、雨伞等。

收集对象和内容

收集幼儿园里的桂花，按照前期了解到的桂花的种类，将它们分别放在不同的塑料袋中，体验收集桂花的乐趣。

收集前谈话

将幼儿分成四组，每组准备四个塑料袋，让幼儿在幼儿园中寻找桂花，并根据颜色、香气分辨种类，收纳在四个贴有不同桂花标志的塑料袋中。

收集桂花

幼儿用不同的工具收集桂花，如大布、雨伞、塑料薄膜等；晃动花枝，桂花纷飞，让幼儿体验一场"桂花雨"。

汇总、展示、交流和讨论

分组介绍收集到的不同桂花，并按类汇总到四个筐内，展示在生活区供幼儿观察讨论。

活动延伸

收集到的桂花经挑拣后，一部分用于制作桂花糕，一部分腌制后装入密封容器，长期保存。

（贝红平）

九、集体活动　甜甜的桂花糕

活动目标

（1）进一步感知桂花的形、色、味等特点。

（2）初步了解桂花与人们的关系，尝试制作甜甜的桂花糕。

（3）体验制作桂花糕的乐趣。

活动准备

前期经验： 桂花的形状、颜色、味道。

材料： 干桂花、糯米粉、不锈钢盆、糕板印。

活动过程

1.回顾赏桂花、画桂花、采桂花的过程，感知桂花的形、色、味等特点。

通过PPT，展示幼儿观花、摘花、画花的过程照片。

小结： 桂花树一般不太高，叶子一年四季绿绿的、摸起来硬硬的。花朵小小的，一朵花上大约有四至五片花瓣，开在叶子的"胳肢窝"里，看上去就像长在树干上一样，香味可以传得很远。

2. 尝试用桂花、糯米粉制作桂花糕，初步了解桂花与人们的关系。

除了看桂花、画桂花、采桂花外，我们还可以用桂花制作什么美食呢？

小结：桂花在我们生活中的用处有很多，我们可以用桂花做桂花糕、桂花圆子、桂花鸭等。

3. 介绍桂花糕的制作方法，并尝试动手操作。

拿出糯米粉，请幼儿尝试自己制作桂花糕。

（1）揉糯米粉、加干桂花。

（2）捏桂花糕、定型、脱模。

幼儿可以找自己的好朋友合作进行桂花糕的制作。要提醒幼儿制作前先洗手。

4. 分享并交流幼儿作品。

（1）肯定幼儿制作的桂花糕，并请幼儿介绍自己的作品。

（2）蒸桂花糕。

活动反思

幼儿在了解了桂花的种类及特点之后，尝试动手做桂花糕，体验了制作的乐趣。活动前，幼儿在幼儿园里收集桂花，并洗干净、晾晒。活动中，对于个别动手能力比较差的幼儿，要提供更多的锻炼机会和支持帮助；对部分动手能力比较强的幼儿，则要求他们在教师的指导下独立完成制作。活动结束后，幼儿看着亲手制作的桂花糕，很有成就感。在这一活动中，幼儿亲近自然、主动探索，学会了发现问题、解决问题，真正感受到了劳有所获的快乐。

（陆宇舟）

十、生活环节渗透　品尝桂花糕

活动缘起

在幼儿制作了甜甜的桂花糕后,我们把桂花糕拿到食堂里,让厨师阿姨帮忙蒸制。由于蒸桂花糕需要一定的时间,所以我们将品尝的活动放在幼儿午睡后的小点心环节进行。

活动目标

(1)感知蒸熟后的桂花糕的形状、色泽、香味。

(2)品尝桂花糕,并能说出桂花糕的味道。

活动准备

制作好各种形状的桂花糕。

活动内容

幼儿在教师的指导下初步感受桂花糕的独特香味,选择自己喜欢的桂花糕,进行品尝,并说一说口感、味道等。

指导要点

鼓励幼儿品尝各种形状的桂花糕,并进行比较。

活动延伸

让幼儿说说自己吃到的桂花糕是什么形状的、味道怎么样。

(任敏雯)

十一、调查活动　桂花还可以怎么吃

活动缘起

在制作和品尝桂花糕后，幼儿对可以吃的桂花很感兴趣，那么，桂花还有哪些吃法呢？幼儿决定去问问家人，或者通过网络寻找答案。

活动准备

经验准备：知道桂花经过制作可以食用。

材料投放：调查表。

调查对象和内容

向爸爸妈妈、爷爷奶奶询问桂花的各种吃法。

调查前谈话

回家问问爸爸妈妈或者爷爷奶奶桂花还可以怎么吃，怎么加工制作。

调查后汇总和讨论

展示幼儿的调查表、图片、视频，交流讨论桂花的不同吃法，统计出有几种吃法。

活动附件

桂花吃法小调查 （请幼儿画一画，家长可以帮忙用文字进行说明。）	吃法	制作方法

（姚玉芳）

十二、劳动活动　摘橘子啦

活动缘起

小树林中的橘子由青转黄了，香味也越来越浓，幼儿每次去时都会仔细看看、轻轻摸摸、凑近闻闻，期盼着橘子能快些成熟。现在，橘子到了可以采摘的时候了。

活动准备

经验准备：幼儿会用剪刀剪较坚硬的物品。

工具和材料投放：小剪刀、篮子。

活动内容

幼儿带上工具来到小树林，几人合作一起采摘树上的橘子。

活动前谈话

（1）橘子可以怎么摘？长在高处的有什么办法能摘到？

（2）有什么工具可以帮助我们摘橘子？摘下来的橘子放在哪里？

（3）摘橘子时要注意什么？（不掰断橘子树枝，注意自身安全）

（4）商议采摘形式：分组采摘，一个小组的幼儿采摘一棵树上的橘子，幼儿可轮流摘橘子、扶树枝、提篮子。

活动中的巡回指导

教师观察幼儿使用剪刀或直接用手采摘的动作，提醒幼儿注意安全；鼓励同组幼儿相互合作采摘。

活动后的交流和讨论

请各组说说自己是怎么摘橘子的，数数自己小组共摘了多少个橘子？比较橘子的大小、颜色等差异。

活动延伸

将橘子投放到益智区,做比大小、比重量的游戏。

（姚玉芳）

十三、集体活动　橘子成熟了

活动目标

（1）学习用合适的方法做标记,正确对橘瓣计数,积累数数的经验。

（2）感知秋天是水果丰收的季节,体验自己剥橘子的快乐。

活动准备

橘子若干、擦手毛巾、果盘、小碗。

活动过程

1.观察橘子的外表。

（1）发给每人一只橘子,引导幼儿通过看看、摸摸、闻闻、玩玩,感知橘子的特征。

（2）鼓励幼儿大胆地把自己的发现告诉大家。

2.剥橘子。

（1）动动小手把橘子剥开。

（2）请幼儿介绍自己剥橘子的方法,并学习同伴剥橘子的好方法。

3.点数橘子里的瓣。

（1）数一数自己的橘子里有多少橘瓣。

（2）请幼儿介绍自己的点数方法，比较哪种方法又快又好。

（3）鼓励能力弱的幼儿向同伴请教点数橘瓣的好方法。

（4）再次交流点数橘瓣的好方法。

4.品尝橘子。

活动反思

大自然是我们的知识宝库。秋季橘子丰收了，幼儿都很喜欢吃酸酸甜甜的橘子。借助生活中经常能看到、吃到的橘子开展本次活动，可以很好地调动幼儿参与的积极性，在生活化的活动中将数学知识渗透其中。幼儿先通过多种感官对橘子的特征进行整体感知，然后动手剥一剥橘子，因为有了直接感知、亲身体验、实际操作的经验，幼儿都很乐意把自己的发现表达出来。本次活动的难点在于数一数的环节，由于橘瓣是以封闭状的圆形排列的，一开始，幼儿对数数的起点和终点不明确，有不少幼儿出现了数错的情况。此时，教师可以引导幼儿发现错误出现的原因，指导幼儿找到好办法或是向同伴学习好方法，正确地数出橘子的瓣数。

（贝红平）

十四、生活环节渗透　剥橘子

活动缘起

橘子成熟了，幼儿采摘了很多的橘子进行品尝和分享，那么，橘子怎么剥最方便、最好玩呢？在餐点环节，引导幼儿一起动手剥自己要吃的橘子。

活动准备

经验准备：了解不同种类橘子的外形、名称。

工具和材料：已经采摘下来的橘子。

活动内容和方式

在餐点环节,鼓励幼儿一起剥橘子,互相分享品尝橘子的感受。

活动中的指导

引导幼儿找一找应该从哪里开始剥橘子,请幼儿介绍自己剥橘子的方法,鼓励幼儿进一步学习同伴剥橘子的好方法。

活动延伸

剥下来的橘子皮可以放在生活区,请幼儿尝试腌制陈皮;也可以将橘子皮投放到美工区,供幼儿进行美工创作。

(董 萍)

十五、区域活动 制作橘子汁

经验联结

在经过前期的活动后,还有很多剩余的橘子,可以把这些橘子放在生活区,让幼儿来榨汁,感受橘子的不同吃法,体验自己动手榨汁的乐趣。

活动目标

(1)学习运用手动榨汁机制作橘子汁。

(2)体验榨汁和分享橘子汁的乐趣。

活动准备

经验准备:幼儿会剥橘子。

材料投放:手动榨汁机、橘子、杯子。

活动内容

幼儿将橘子剥好皮,一瓣一瓣分开放进手动榨汁机里进行榨汁,将榨好的汁倒进杯子里。

活动要求

(1)榨汁机里一次不要放入太多的橘瓣。

(2)橘子的渣要及时清理,以免榨汁机被堵住。

指导要点

幼儿榨汁时可以两人合作,一人摇手柄,一人将橘瓣放进去;榨汁的幼儿要用力转动榨汁机,放橘瓣的幼儿要注意观察,弄清楚大约放几瓣橘子后必须打开机器清理一下,然后再榨。

活动延伸

和爸爸妈妈一起了解家里还有哪些果蔬可以用来榨汁,尝试着榨一下。

(贝红平)

十六、生活环节渗透 腌制陈皮

活动缘起

吃橘子、榨橘汁后,会留下很多橘子皮,有幼儿提议将橘子皮腌制成陈皮,于是,大家决定吃橘子时把皮保留下来,试着做一做陈皮。

活动准备

经验准备:幼儿会用剪刀剪较厚的物品。

工具和材料:干净的小剪刀、盆子,盐、糖等。

活动内容和方式

在吃橘子前，用盐将橘子外皮搓洗干净并擦干，将皮剥下来放在干净的盆子里，用手撕或剪刀剪的方法把橘皮处理成小块或小条状，然后在教师指导下放入适量的盐和糖拌匀腌制。

活动中的指导

活动前，教师指导幼儿洗净双手，耐心地将橘皮撕成小块，或剪成较小的条状，并注意保持干净卫生。

活动延伸

天气晴朗的时候，将橘皮拿到太阳下晾晒，并根据天气的变化及时将橘皮收进来。

若遇阴雨天气，须及时将橘皮用烤箱烘干。

（姚玉芳）

十七、生活环节渗透　寻找树林里的种子

活动缘起

在吃橘子的时候，幼儿发现了橘子里的种子。那么，幼儿园小树林里的其他植物也有种子吗？它们都藏在哪里呢？我们可以利用餐后散步的时间，带幼儿找一找小树林里藏着的种子。

活动准备

经验准备：知道种子的不同传播方式。

工具和材料：收集种子的小篮筐。

活动内容和方式

在餐后散步的时候，带领幼儿到小树林里寻找各种各样的种子。

活动中的指导

指导幼儿辨别不同植物的种子，当幼儿不确定找到的到底是什么种子时，可以引导幼儿一起商量、讨论，也可以寻求家长或网络的帮助。

活动延伸

引导幼儿自己绘制一张记录表，记录收集到的种子的传播方式属于哪一类。

（董　萍）

十八、区域活动　公鸡头，母鸡头

经验联结

在捡种子时，幼儿自发玩起了把种子藏起来让同伴猜种子在哪只手里的游戏。我们可以以此为契机，将民间童谣"公鸡头，母鸡头"稍作改编教给幼儿，引导他们边念童谣，边做游戏。

活动目标

（1）能边念童谣，边做游戏；理解游戏规则。

（2）体验与同伴进行合作游戏的快乐。

活动准备

经验准备：幼儿有两人合作游戏的经验。

材料投放：收集到的种子。

活动内容

一名幼儿取一粒种子放在手心里，边念童谣、边做动作，念完童谣后，另一名幼儿猜种子在哪只手里，猜对了就互换角色，猜错则再来一次。

活动要求

1.藏种子的幼儿要根据童谣做动作。

公鸡头,母鸡头,(种子放在其中一只手中后,两手分别握拳伸出,表示一只是公鸡头,一只是母鸡头。)

公鸡、母鸡吃种子。(两拳相对,大拇指上下摆动做吃种子的动作。)

种子种子在哪头?(将两拳藏到身后,可以交换拿种子的手,念到最后一个字时,将两拳伸到胸前,请另一名幼儿猜。)

2.猜种子的幼儿猜对了就交换角色。

指导要点

藏种子的幼儿要保持拳头握紧,不能把种子漏出来;猜种子的幼儿要仔细观察藏种子幼儿的拳头变化等动作。

活动延伸

将种子藏进泥土里、沙子里,等待种子发芽。

(姚玉芳)

十九、集体活动 种子的旅行

活动目标

(1)知道种子的来源和传播方式。

(2)愿意大胆地把自己的想法告诉大家。

活动准备

蒲公英、苍耳、毛豆、椰子树的图片。

活动过程

1. 知道种子的来源。

（1）出示蒲公英、苍耳、毛豆、椰子树的图片，帮助幼儿了解这些植物的名称。

（2）请幼儿说一说它们的种子都是什么样的？引导幼儿大胆表达。

（3）小结：蒲公英的种子是白色的，像花儿一样开放；苍耳的种子形状像枣核，上面长满了刺；毛豆的种子我们经常看到，形状是圆溜溜的；椰子树的种子就是椰果。

2. 了解种子的传播方式。

（1）秋天到了，种子慢慢地长大了，它们都想离开妈妈去别的地方旅行，可是它们没有手，没有脚，不能自己走，这可难坏了种子们。可是，它们都很聪明，各自想出了一个好办法，请幼儿猜一猜种子宝宝们各自想出了什么好办法。

（2）教师引导幼儿发挥想象，并逐一讲述。

（3）出示种子旅行的图片，幼儿认真看图后大胆讲述。

（4）小结：种子传播的方式多种多样，蒲公英的种子通过风传播；苍耳挂在小动物的皮毛上传播；大豆成熟后，种子从豆荚里蹦出来；椰子成熟后掉进大海里。

活动反思

植物是幼儿日常生活中最常见的，对植物奥秘的探索是他们非常感兴趣的。在奇妙的植物王国中，蕴含着许多的奥秘，其中种子的传播就非常神奇。在幼儿的知识经验中，有关种子传播的记忆是感性的，还没有形成一个明确的概念。本次活动的目的，就是让幼儿认识并了解植物的种子及其传播方式，通过自主探索，看看、说说，帮助幼儿建构知识、拓宽视野。

（陆张洁）

二十、集体活动　泥土里的小动物

活动目标

（1）喜欢探索泥土里的小动物，能大胆说出自己的观察结果。

（2）认识泥土里几种常见的小动物，了解其主要特征。

（3）有保护自然界中各种小动物的意识。

活动准备

（1）蚯蚓、蜈蚣、蚂蚁、西瓜虫、蜘蛛等小动物的图片。

（2）小铲子、放大镜、笔、记录表。

（3）可以拍照的设备（如手机）。

活动过程

1.出示西瓜虫的图片。

请幼儿说一说图片里呈现的是什么小动物，可以在哪里找到？泥土里还会有些什么小动物？

2.带领幼儿来到小树林，寻找藏在泥土里的小动物。

（1）讲解寻找活动的要求。

以小组为单位一起寻找，找到后可以用笔在纸上记录下来。

（2）幼儿分组寻找泥土里的小动物，教师拍照记录下幼儿寻找到的小动物。

3.回到活动室，分享自己找到的小动物。

幼儿分享自己找到的小动物，教师播放相对应的照片。请大家一起观察，说一说这种小动物的特点、生活习性。如：当幼儿分享蚯蚓时，教师可以提问：蚯蚓的外形特征是怎样的？它的身体下面有脚吗？它有眼睛、鼻子和嘴吗？它靠什么走路？你们喜欢蚯蚓吗？我们来学一学蚯蚓松土和蠕动的样子？（幼儿模仿蚯蚓钻土、蠕动、打滚、蜷缩……）

（3）教师小结：幼儿寻找到的泥土里小动物的特点。

活动延伸

将放大镜和图片投放在科学区，鼓励幼儿到活动区域观察、发现这些小动物的秘密。

活动反思

《指南》指出，幼儿科学学习的核心是激发探究兴趣、体验探究过程、发展初步的探究能力。成人要善于发现和保护幼儿的好奇心，充分利用自然和实际生活，引导幼儿通过观察、比较、操作、实验等方法，学会发现问题、分析问题和解决问题。幼儿对于泥土里的动物兴趣都很大，特别是西瓜虫，它是幼儿最熟悉的小动物。用西瓜虫导入课程能一下子激发幼儿的探索热情：泥土里除了西瓜虫还会有什么小动物呢？这时，可以将问题抛给幼儿，鼓励他们去树林里找一找。要求幼儿分组进行活动，并且每一组选一位幼儿用图画的形式记录找到的动物。在活动开展的过程中，幼儿会寻找各种工具（如树林里掉落的树枝）翻动泥土进行寻找，专注地观察探索，并和同伴进行交流。分享时，幼儿能从外形上进行描述，但他们对于小动物的其他习性了解不多，这时需要利用图书、网络等资源引导幼儿继续探索。

（董 萍）

二十一、区域活动　昆虫世界

经验联结

幼儿在小树林已经有了寻找昆虫的经验,为了让幼儿对昆虫有更深入的了解,发展幼儿的观察能力,可以在区域活动中开展此活动。

活动目标

喜欢探究昆虫的秘密,学会观察比较。

活动准备

经验准备:幼儿对常见的几种昆虫有所了解。

材料投放:不同昆虫的图片、放大镜。

活动内容

幼儿利用放大镜、图片等,自由观察、比较各种昆虫之间的相同点和不同点。

活动要求

(1)引导幼儿观察昆虫的相似之处和不同点。

(2)鼓励幼儿将自己的发现和同伴分享。

指导要点

指导幼儿有序观察,如从头部开始观察。

活动延伸

将昆虫的图片投放到美工区,鼓励幼儿画一画自己喜欢的昆虫。

(董　萍)

系列活动方案

⭐ 有趣的落叶（小班）

一、生活环节渗透　秋叶飘

活动缘起

秋天到了，幼儿园的大树上有很多叶子掉下来。我们可以在餐后散步、户外活动的时候，带领幼儿自由捡、玩落叶。

活动内容和方式

带领幼儿来到有大树的地方，观察落叶飘舞的样子，捡起落叶玩一玩。

活动中的指导

在幼儿捡拾各种落叶时，鼓励幼儿说说落叶的颜色、形状；想象一下，它们像什么，引导幼儿发现树叶的不同之处。

活动延伸

将捡到的落叶带回班级，投放在材料库中，幼儿可以自由取放，运用到不同的游戏中。

（姚玉芳）

二、集体活动　落叶的秘密

活动目标

（1）能仔细观察落叶的特征，认识几种常见的树叶。

（2）愿意说出自己的发现。

活动准备

几种常见的、特征明显的树叶。

活动过程

1. 自由地玩一玩落叶。

2. 挑一片自己最喜欢的叶子。

（1）引导幼儿从叶子的颜色、形状、边缘等方面观察叶子，并进行描述。

（2）鼓励幼儿大胆想象这种叶子像什么。

（3）请其他幼儿找出该种树叶，说说其特征，并告知幼儿该种树叶的名称。

3. 寻找树叶的秘密。

（1）认识叶柄、叶片，知道其边缘是光滑的，还是锯齿状的。

（2）发现叶片的正反面，感受叶片正反面触感的不同。

4. 教师小结。

（1）叶子有各种形状，如圆形、扇形、掌形等。

（2）绿叶子里有很多叶绿素，秋天到了，叶绿素产生得少了，只剩叶黄素，叶子就变黄了。

（3）秋天很多树叶会从树上掉下来。

活动延伸

投放放大镜,请幼儿在活动区域中继续寻找树叶的秘密。

活动反思

《指南》科学领域中的第一条目标就是"亲近自然,喜欢探究"。其中,3~4岁的发展目标明确提出:"喜欢接触大自然,对周围的很多事物和现象感兴趣。"本次活动通过看一看、摸一摸树叶,让幼儿发现树叶的特征,如颜色、形状、边缘等;通过说一说看到的树叶,营造轻松愉快的氛围;将幼儿自己的发现与教师有目的的引导结合在一起,让幼儿初步感知树叶的秘密,激发科学探究的兴趣。

(姚玉芳)

三、区域活动 落叶比一比

经验联结

在捡落叶的过程中,幼儿会与同伴比较谁的落叶更大、更红等,教师在区域中有选择地投放三种不同形状的落叶,大小差异要明显一些,有目的地引导幼儿进行观察、比较。

活动目标

(1)观察落叶较明显的形状特征,学习按特征分类。
(2)对同一类的树叶进行大小比较,尝试将几片树叶按大小排序。

活动准备

经验准备:有按大小排序的经验。
材料投放:银杏、梧桐、杜英三种树的落叶;三种树叶排序的底板。

活动内容

观察底板上树叶图案的形状,从篮筐中找出该形状的落叶,从小到大或从大到小进行排序。

活动要求

(1)看排序板上树叶的形状,找到相对应的树叶。

(2)按大小顺序进行排序。

指导要点

指导幼儿从 2 片树叶开始比一比大小,再逐步增加数量。

活动延伸

在散步捡落叶时,引导幼儿比较这些落叶的大小。

(姚玉芳)

四、集体活动 捡落叶

活动目标

(1)观察落叶,感受捡落叶的乐趣。

(2)复习 5 以内的数数,能够按数取物。

活动准备

(1)在小树林里选择落叶较多又较开阔的场地。

(2)带上装落叶的篮筐。

活动过程

1. 观察落叶,激发幼儿捡落叶的兴趣。

(1) 带领幼儿去小树林捡落叶。

(2) 观察:落叶是怎么样的?其大小、颜色是怎么样的?

2. 自由捡落叶,复习5以内的数数。

(1) 教师讲解捡落叶的要求。

(2) 幼儿分散捡各种各样的落叶,并说说自己捡了几片叶子。

3. 听指令捡落叶,学习按数取物。

(1) 教师根据幼儿的表现,对幼儿发出指令:捡3片树叶。

请幼儿说说:你捡到了几片落叶?

(2) 请幼儿把树叶一片一片地装进篮子里,边放边数。

4. 将落叶带回活动室。

活动延伸

将幼儿捡到的树叶放到美工区,用落叶拼贴或添画成各种有趣的作品。

活动反思

随着天气的变化,树叶一片一片地从树上飘下来了,幼儿们对此产生了丰富的联想,有的说树叶在跳舞,有的说树叶在飞着唱歌,幼儿们干脆捡起了树叶。我们顺势开展以"捡落叶"贯穿始终的游戏,活动中,幼儿从捡1片、2片、3片落叶到越来越多的落叶,不仅加强了他们的任务意识,锻炼了其按数取物的数学认知能力,还学会了感知"1"和"许多"的关系。学中有玩,玩中有学,幼儿在大自然这个天然实验室中愉悦地成长。

(李 越)

五、收集活动　收集落叶

活动缘起

园外树木品种比园内多多了,幼儿家附近有各种树木,幼儿能捡到各种不一样的落叶,因此,让幼儿收集家周围的树叶,可以帮助他们观察到更多不同的树与树叶。

活动准备

通过班级群向家长介绍活动内容及意义。

收集对象和内容

收集各种不同的落叶。

收集前谈话

(1)请幼儿说说还有哪里能捡到落叶。

(2)请幼儿利用晚餐后散步或周末时间与父母一起收集落叶。

(3)提醒幼儿捡落叶时注意安全:要跟家人一起去捡,捡树叶时要走在路边,并注意安全……

收集后互动

(1)请幼儿说说自己收集到了哪些落叶,数数有几种。

(2)说说可以怎么玩这些落叶。

活动延伸

将幼儿收集到的不同种类的落叶布置成落叶展。

(姚玉芳)

六、集体活动 会跳舞的落叶娃娃

活动目标
（1）喜欢观察、探索树叶，能对树叶展开想象。
（2）能用简单的线条表现落叶跳舞的各种姿态，体验添画的乐趣。

活动准备
小树林中四种树的落叶、油画棒、白纸、大树底板。

活动过程
1. 出示小树林落叶的照片。

我们的小树林发生了什么变化？

2. 树叶娃娃跳舞。

（1）教师动作优美地撒落叶，幼儿观察。
（2）幼儿自由模仿树叶是怎么跳舞的。
（3）让个别幼儿示范树叶跳舞，教师将这些动作添画到树叶上，变成跳舞的树叶娃娃。

3. 教师交代要求，幼儿作画。

（1）找一片最喜欢的树叶带回座位。
（2）把树叶贴在纸上，然后为树叶娃娃添画上眼睛、嘴巴、手臂和腿，设计成好看的跳舞动作。

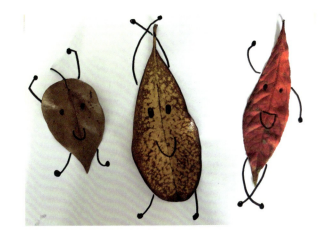

4. 幼儿自由作画,教师巡回指导。

(1)完成树叶的舞蹈设计后,可再挑一片不同的树叶。

(2)注意变化手臂和腿的动作,表现不同的跳舞动作。

5. 送落叶回家,结束活动。

(1)出示大树,引导幼儿把剩下的树叶贴在相应的树干上。

(2)播放音乐,师幼共舞。

活动反思

小班幼儿对物体的美感和形象思维还处于启蒙阶段,虽然他们有丰富的想象力,但是表现水平相对较低,需要教师激发幼儿用绘画等方式表现的欲望。本活动从音乐入手,创设跳舞的意境,结合幼儿平时观察到的树叶飞舞的情景进行想象,充分调动了幼儿参与的兴趣,满足了他们情感的需要,并自然而然地引发美术活动。在幼儿作画过程中,要运用语言对幼儿进行过程性指导,如:树叶娃娃举起双手跳舞、树叶娃娃单脚离地跳舞等。通过过程性指导,支持幼儿的艺术表现和创造。从作品成果来看,幼儿能大胆地表现出不同形态的树叶娃娃。

(施 娟)

七、区域活动　落叶找妈妈

经验联结

在开展了一系列关于落叶的活动后,幼儿对树叶的兴趣越来越浓厚,捡落叶、玩落叶、用落叶贴画等,幼儿对不同树叶的特征有了一定的认知,能将同一种树叶挑出来放在一起。

活动目标

观察落叶的形状、颜色，将落叶与相应的大树图片相匹配。

活动准备

经验准备：对几种常见树叶的特征有一定的认识。

材料投放：香樟、银杏、广玉兰、杜英四种树的落叶，四种树的大底板。

活动内容

观察"大树妈妈"底板上的树叶颜色、形状等，找到相对应的落叶宝宝，并将落叶贴在底板上。

活动要求

边送落叶，边让幼儿说出落叶的特征。如：广玉兰叶有点黄，是大大的；银杏叶是金黄色的，像小扇子；杜英叶是红色的，细细长长的……

指导要点

帮助幼儿从颜色、形状、大小几方面对落叶进行观察和描述。

活动延伸

利用散步时间找一找这几种落叶，认一认这几种树。

（姚玉芳）

八、集体活动　树叶拓印

活动目标

（1）学习用拓印的方法作画。

（2）感受树叶印画的美，体验印画活动的乐趣。

活动准备

落叶、自制各色颜料的印泥、抹布、纸若干。

活动过程

1. 谈话导入。

秋天到了,小树叶从树上飘落下来,飘到了我们的班级里,和我们一起玩游戏。

2. 教师讲解、示范拓印,幼儿观察。

(1)教师轻轻拿起树叶,在红颜料里轻轻地压一压,再印到纸上。瞧,纸上有了一片红树叶。

(2)换一片树叶,换一种颜色进行印画。

3. 幼儿进行树叶拓印。

(1)教师讲解操作要点。

先将叶子轻轻地蘸好颜料;再将叶子上蘸有颜料的一面朝下放,一只手放在叶子上轻轻地往下压;换颜色时,注意不要将颜料滴在纸上。

(2)让幼儿尝试拓印,教师观察指导,重点指导动手能力较弱的幼儿。

4. 作品展示。

展示幼儿作品,请幼儿欣赏、交流,从作品的色彩、拓印的清晰度、画面整洁度等方面进行点评。

活动反思

大自然是一个丰富多彩的资源宝库,它为幼儿的艺术创作提供了丰富的自然素材。本次树叶拓印活动以幼儿捡来的落叶为材料,通过和树叶玩游戏导入活动,引发幼儿兴趣。由于幼儿第一次接触拓印这种作画方式,教师在示范时要详细讲解拓印的方法,引导幼儿认真观察后再动手操作。拓印活动中，蘸颜料、印画环节都需要幼儿比较小心地控制动作，较好地锻炼幼儿的精细动作。展评环节，要鼓励幼儿大胆介绍自己的作品，发展幼儿的语言表达能力和欣赏美的能力。

（李　越）

九、区域活动　落叶喷画

经验联结

幼儿将从小树林里捡来的落叶带回教室，投放在班级区域中。在美工区，幼儿运用树叶进行各种创意制作。本次活动投放了喷壶和颜料，由不同的作画工具引发不一样的作画方式，让幼儿体验艺术创造的乐趣。

活动目标

尝试用颜料、喷壶等材料作画，感知喷画作品的特别之处，体验艺术创作的乐趣。

活动准备

经验准备：会使用喷壶。

材料投放：白纸、各种不同的树叶，装有颜料的喷壶。

活动内容

幼儿将画纸铺平，再将树叶摆放在纸上，选择喜欢的颜色，朝着树叶边缘及空白的地方进行喷画，喷完后将树叶轻轻拿掉，留下白色图案。

活动要求

（1）可以选择喷2~3种颜色，喷完一种颜色后，等稍微晾干一些再喷另一种颜色。

（2）喷画时，要尽量喷均匀，不要喷在同一个地方。

指导要点：树叶可以组合摆成各种造型；尽量将颜色喷满整张画纸，不要对着某一处喷太多。

活动延伸

鼓励幼儿尝试用其他物体进行喷画创作。

（施　娟）

十、集体活动　我和落叶玩游戏

活动目标

（1）大胆尝试树叶的不同玩法，体验玩落叶的乐趣。

（2）用眼睛追踪自己或他人抛起的树叶，并用手接住。

（3）尝试用语言完整地表述自己的玩法。

活动准备

收集幼儿园里各种各样的落叶。

活动过程

1. 活动导入。

提供各种各样的落叶，让幼儿分别说出自己的玩法。

2. 和落叶做游戏。

（1）幼儿自选一片落叶，尝试用自己的方法进行游戏。

（2）幼儿分享自己的玩法。

请幼儿用动作演示玩法，并用语言来描述怎么玩的。

（3）教师有目的地挑选几种玩法，请大家一起玩一玩。如：抛接树叶。

4. 创意落叶游戏。

幼儿可以借鉴同伴的玩法,用树叶做游戏,也可以创新玩法。

5. 游戏交流。

幼儿分享自己在游戏中的感受,说一说有哪些玩法。

6. 放松动作。

活动反思

随着系列活动"有趣的落叶"的深入开展,幼儿对各种落叶的认识不断加深,兴趣也逐渐变得浓厚起来。本活动运用秋季最常见的落叶做游戏,只需给幼儿提供一个足够宽敞、能自由发挥的场地,就能让幼儿尽情地和落叶玩耍。在这个自由、自主的过程中,幼儿的跳跃能力、抛接能力及身体协调能力都得到了很好的锻炼。幼儿的想象力非常丰富,在活动的过程中,他们想出了各种各样的落叶玩法:把落叶抛起来,玩下"雪"的游戏;把落叶当成飞机,和它一起飞行;玩数落叶的游戏;把落叶当做小风筝;等等。愉悦的游戏激发了幼儿强烈的分享欲,每个幼儿都争先恐后地和同伴、老师分享自己的好玩法。

(姚 越)

十一、区域活动 穿树叶

经验联结

树叶的玩法有很多,不同的工具和辅助材料能引发不同的玩法,结合小班幼儿手部肌肉的发展情况,利用随手可得的落叶和小树枝、毛线进行穿树叶活动,可以发展幼儿的手部精细动作。

活动目标

（1）学习两手配合用小树枝穿过树叶。

（2）巩固手口一致点数的能力。

活动准备

材料投放：各种树叶、两端系着小树枝的毛线。

活动内容

幼儿左手拿一片树叶，右手拿着毛线一端的小树枝，用力将树枝穿过树叶；将树叶穿成一串后点数穿了几片树叶。

活动要求

（1）在穿树叶的时候，眼睛要看好，不能戳到手。

（2）小树枝要从树叶的中间位置穿过。

指导要点

穿完后，将整串树叶平铺在桌面上，从一端开始点数树叶的数量。

活动延伸

将穿好的树叶投放到表演区，做成树叶项链、服装等；或用于活动室的环境布置。

（姚玉芳）

🌟 树木地图（大班）

一、实践活动　我知道的树

活动目标

（1）愿意与同伴讨论树木的知识，能在分享交流中加深对树的了解。

（2）通过对汾湖公园树木的观察、探索、发现和了解，使幼儿产生保护树的愿望。

活动准备

经验准备：对园外的树木进行观察，了解相关知识。

活动过程

1.和幼儿一起欣赏汾湖公园的树。

讨论：小朋友，你看到了哪些树？它是什么样的？叫什么名字？

小结：让幼儿用已有的经验对树进行描述，通过树的叶子、结的花等特征，猜测树的名字。

2.你认识这些树吗？你喜欢哪棵树？为什么喜欢？

小结：引导幼儿仔细观察树的特征，从树根到树冠，仔细观察树叶及树干不同部位的粗细、长短、形状、颜色等。

3.了解常绿树和落叶树的特点。

（1）小朋友，你们知道常绿树和落叶树吗？

（2）常绿树和落叶树有什么区别？

小结：了解常绿树和落叶树的知识后，将问题抛给幼儿，引导幼儿带着问题去验证。

4. 保护树木的方法。

（1）树木给人类带来了哪些好处？

小结：树木是人类的好朋友。树的本领可大了，比如，可以平衡生态、净化空气、阻隔噪音等；假如没有树木，空气污染、沙尘暴、泥石流等会让我们的生活变得很糟糕。

（2）我们怎样才能更有效地保护树木？

小结：爱护树木，应该从日常生活的点点滴滴做起。

活动延伸

（1）逛逛幼儿园，认识园内的树木。

（2）在图书区继续查找有关树的资料或观看有关树木的多媒体影像。

活动反思

树木资源是我们生活中最常见的自然资源。树是大自然的精灵，也是大自然对人类的馈赠。陈鹤琴先生说过："大自然、大社会都是活教材。"树木资源是具体的，是幼儿随时随地都能感受到的，是幼儿可闻、可理解和可接受的资源，它为幼儿开展各类探究活动创造了良好的外部环境和条件，对于常绿树和落叶树，虽然幼儿有一定的相关经验，但还有很多值得深入探究的点，比如树木的种类、数量、特征和用途等，有效开发和利用园内的树资源，使之与具体的活动建立联系，可以支持幼儿通过主动学习、深入探究，建构有益经验，获得适宜性发展。

（沈芳芳）

二、写生活动　幼儿园的树

活动目标
（1）积极尝试用各种线条记录幼儿园内树木的特征。
（2）在幼儿观察、探索的基础上，对园内的树木进行写生。

活动准备
写生板、勾线笔、白纸。

活动过程

1. 逛一逛幼儿园，认识幼儿园的树木。

（1）我们在汾湖公园已认识了很多树木，那么，幼儿园的树，你们也都认识吗？

（2）幼儿园里有哪些树？种类和数量有多少？它们是常绿树还是落叶树？

小结：我们追随幼儿兴趣，以主题活动的形式让幼儿更深入地了解园内的树木，开展深度而有意义的学习和探究活动。

2. 幼儿认真观察园内树木，自由写生。

（1）和同伴一起观察和交流园内树木的特征。

（2）尝试用各种线条对树木进行写生。

小结：通过对园内树木的写生，梳理园内树木的特征、数量、种类等幼儿感兴趣的点。

3. 与同伴交流和分享幼儿园的树木。

（1）你画了幼儿园的哪些树？

（2）介绍树木的特征、名称、所在区域等信息。

小结：从幼儿感兴趣的话题出发，选择能持续深入并有价值的事件，聚焦幼儿的行动。

活动延伸

我们可以开展一次树木大调查，让孩子了解幼儿园的树木。

活动反思

树是幼儿可见、可摸、可理解和可接受的资源。在户外游戏时，幼儿对飘落的树叶产生了兴趣，他们开始捡树叶、玩树叶，通过观察树的叶子、开的花等特征猜测树的名字。幼儿对于生活中不常见的树，比如海棠、紫薇、含笑、无花果等，还是比较陌生的。"我们幼儿园究竟有多少种树呢？"我将问题抛给了幼儿，引导他们带着问题去验证，解读的过程也就是寻找答案的过程。于是我带着孩子们在园内走了一圈，让他们仔细观察树木最明显的特征，并通过写生的方式画下来，带回家和爸爸妈妈一起查阅资料，初步认识园内的14种树。在激发起幼儿的好奇心后，我更加关注的是幼儿持续深入的探索兴趣。

（沈芳芳）

三、区域活动 设计树木统计表

经验联结

在树木写生的基础上了解园内树木的情况,活动属于后延。

活动目标

(1)与同伴进行讨论时,能积极主动地回应。

(2)根据园内树木的情况,分组设计树木统计表。

活动准备

勾线笔、白纸若干。

活动内容

在设计树木统计表前,了解统计表的概念和信息要素,小组合作设计树木统计表。

活动要求

1.明晰统计表的信息要素。

(1)什么叫统计表?

(2)了解统计表上应呈现的信息内容。

小结:在设计树木统计表前,了解统计表的概念,为设计树木统计表做经验铺垫。

2.分组合作绘制树木统计表。

(1)这张树木统计表怎么设计?

(2)我们需要统计树木的哪些信息?

指导要点

(1)统计表是一格一格的,有几行几列;需要统计每种树的名称、数量等;常绿树画一个绿圆圈,落叶树画一个黄圆圈。

（2）统计图要清晰地呈现各种树木的标志、数量，还要备注树的属性（常绿树和落叶树）。

活动延伸

在科学区投放记号笔、蜡笔、白纸等材料，让幼儿试着用数字、图画、符号等记录和表征，设计出他们想要的统计表。

活动附件

活动反思

在设计树木统计表的过程中，幼儿发现借助统计表可以记录树木的很多信息。那么，这张统计表应该怎么设计呢？需要呈现树木的哪些信息？用什么方法统计呢？通过讨论和查阅资料，幼儿了解到统计表里面有小格子，格子里面还要画树，可以把数量记录下来。于是，开始构思树木统计表，并且每组选出一张最合适的表格进行展示。帆帆的统计表是一格一格的，一共6行4列，在第一列和第二列用图形表示各种树木,在右边对应的格子里写上数量。诗琪的表格和帆帆的略有不同,她在表格上呈现了落叶树和常绿树的标志,她表示:"常绿树我就画一个绿圆圈,落叶树我就画一个黄圆圈。"

(沈芳芳)

四、调查活动　树木统计

活动缘起
统计图要清晰呈现各种树木的标志、数量,还要备注树的属性(常绿树和落叶树),我决定和孩子们一起拿着表格来到园内的各个角落,一边数树一边记录。

活动准备
经验准备:和幼儿一起寻找生活中用数字做标识的事物。

材料投放:设计好的树木统计表、勾线笔和白纸。

调查对象和内容
通过实地踏看,正确统计出园内树木的数量、品种。

调查前谈话
(1)用什么办法数清园内的树木?

小结:我们可以带上勾线笔和白纸,走到园内每个角落进行树木数量的记录。

(2)幼儿园有很多不同品种的树,那我们怎么知道每种树有几棵呢?

(3)我们可以用什么方法进行统计?

小结:一边数树一边用数字或符号记录每种树的数量。

调查后汇总和讨论

（1）幼儿梳理、统计园内树木的正确数量。

（2）每组分工把正确的调查数据填入树木统计表中。

（3）各组分享树木统计结果。

小结：在分享环节中，每组幼儿检验统计的数据是否正确。

活动延伸

结合树木统计表，让幼儿初步感知事物的数量和分类，发展了逻辑思维能力。后续幼儿可以尝试绘制和设计园内其他事物的统计表。

活动附件

活动反思

在"如何数"的问题上,幼儿已有的经验很快被调动起来,他们运用了大胆猜想、图式表征、亲身实践等方法主动解决问题。俗话说"实践出真知",每次实践后都会有新思路和新想法,其实,让幼儿数出园内树木总数的目的,就是让幼儿学会思考问题,并尝试着亲身体验,去解决问题。

(沈芳芳)

五、区域活动 树木统计大汇总

经验联结

幼儿了解园内树木的品种、数量后,利用制作统计表的经验进行一次树木统计大汇总。本次活动属于后延。

活动目标

(1)梳理并汇总园内树木的种类、数量、特征等信息。

(2)通过反复实践操作,验证统计结果。

(3)共同合作,制作园内树木统计汇总表。

活动准备

7张树木统计表、投影仪。

活动内容

幼儿分组梳理园内树木的重要信息,通过反复验证,最终制作成树木统计表。

活动要求

1.分享并介绍各组制作的树木统计表。

(1)介绍树木统计表上的内容和信息。

（2）说说为什么要这么设计树木统计表。

小结：帮助幼儿在已有设计树木统计表经验的基础上进行提升。

2.反复实践，验证结果。

（1）对比、梳理各组的树木统计表，提出疑问。

（2）再次实地踏看，反复验证统计结果。

小结：通过反复实验和操作，最终得出正确的树木名称、数量、种类等。

指导要点：我们应鼓励幼儿在探究的基础上采取更多行动，这样才具有挑战性。

活动延伸

在科学区投放白纸、勾线笔、蜡笔等材料，幼儿自主探索调查表，进行反复尝试。

活动反思

不同的幼儿具有不同的经验、不同的观点和不同的思考。在与同伴交流的过程中，幼儿可能会受到启发、挑战。此时，教师的介入能够帮助他们进行经验的补充，从而使他们已有的经验得到进一步提升。教师要帮助他们不断发现、不断学习，要用行动去支持幼儿像小科学家一样不懈地持续探索。作为教师，我选择不断观察儿童，考虑他们不断生发的兴趣，和幼儿共同创造课程。

（沈芳芳）

六、集体活动　认识地图

活动目标

（1）喜欢探索地图，对地图上的内容感兴趣。

（2）学习看地图的一些简单方法。

活动准备

生活中的地图：中国地图、动物园地图、汾湖公园地图、社区地图、游乐场地图等。

活动过程

1. 初步认识地图。

（1）这是什么？地图上有什么？

（2）怎样看懂这些地图？

（3）地图的作用有哪些？

小结：幼儿初步尝试看各种平面地图，引导幼儿认识地图上的方位、区域、标识，让幼儿在实践中积累对地图的认知经验。

2. 认识幼儿园平面图。

（1）交流并讨论幼儿园平面图上的信息。

（2）幼儿能根据平面图正确辨认幼儿园的区域或方位。

小结：幼儿园平面图可以更直观地帮助幼儿学会看地图和使用地图。

活动延伸

在科学区投放各种地图和笔，给幼儿充分探索地图的时间。

活动反思

学看幼儿园的平面图，可以让幼儿在实践中丰富对地图的认知经验，逐步从熟悉地图到独立看懂地图。幼儿园是孩子每天生活、游戏和学习的地方，幼儿园的平面图自然是很容易看懂的，但仍会有不同的意见产生。在本次认识地图的活动中，教师鼓励和支持幼儿在探究的基础上采取更多行动，而不是急于教他们有关地图的知识，这样也是对幼儿的尊重，可以帮助幼儿认识到自己就是学习的主人。

（沈芳芳）

七、实践活动　看地图，逛幼儿园

活动目标

（1）帮助幼儿熟悉幼儿园的平面图，培养爱幼儿园的情感。

（2）能根据幼儿园的平面图找出幼儿园中事物的具体方位。

活动准备

幼儿园的平面图。

活动过程

1. 看地图，逛幼儿园。

（1）分辨班级在地图上的位置。

（2）商讨看地图逛幼儿园的路径。

小结：幼儿手持幼儿园平面图进行实地踏看，加深对地图的记忆和理解。

2. 分享看地图逛幼儿园的新发现。

（1）分享当天的路线计划，思考分享者的信息是否正确。

（2）感知幼儿园的每个区域、树木位置相对地图上的位置。

小结：幼儿在实践中获得了更多的学习机会和更多有用的经验，为接下来的活动做了铺垫。

延伸活动

鼓励幼儿在户外游戏或散步时，拿着地图边走边指，进一步提升对地图的认知。

活动反思

幼儿拿着地图在园内走一走、看一看，凭借平面图，能够更直观地找到树木的位置。经过实地踏看，幼儿也发现了一个问题：这张平面图只有局部的楼层，还不完整。科学概念的建构必须是幼儿主动吸收、建构的过程。幼儿的学习不是老师直接去告诉他们答案，而是要让幼儿自己去发现，从而获得有益的经验。

（沈芳芳）

八、调查活动　幼儿园有什么

活动缘起

幼儿在看地图逛幼儿园时，找到了树木的位置，之后，就会跟同伴交流园内的其他事物在地图上的位置。

活动目标

（1）幼儿自主分组，设计并调查幼儿园的事物。

（2）在探索中，感受到与同伴合作的重要性。

活动准备

经验准备：带幼儿去走一走幼儿园，说一说园内的事物。

材料准备：白纸、夹板、勾线笔。

调查对象和内容

让幼儿用记录的方式，自由分组，调查幼儿园中的事物。

调查前谈话

1.幼儿园里有什么。

（1）分组交流幼儿园中的主要事物。

（2）讨论并思考哪些事物具有代表性，并能绘进树木地图中。

2.实地踏看并对园内事物进行写生。

（1）幼儿自主分组、分区调查。

（2）幼儿自由讨论，调查需带的工具。

（3）幼儿用写生的方式，分组表征园内的事物。

调查后汇总和讨论

建议幼儿用分组、分区的方式，这样，调查更加全面、完整。

活动延伸

在调查园内事物的同时，我们可以让幼儿的视线转移到自己的教室，引导幼儿调查班级里有什么，使原有的经验得到提升。

活动反思

教师和幼儿一起寻找到园内各个区域的标志性事物。幼儿从幼儿园大门开始走，一路经过食堂、攀爬架、小木屋、沙池、滑滑梯，然后来到小树林。幼儿把主要的事物用写生的形式记录在白纸上。回到教室后，大家又一起回忆了一遍，乐乐说："我们是从骑行区开始走的，有攀爬架、秋千、石泥管道和小木屋。"佳佳说："经过涂鸦区，又看到了滑滑梯，后面有沙池、升旗台。"乐乐说："小树林里有两个小帐篷，还有荡桥。"大家说了一个又一个的事物后，幼儿提出疑问："我们是把园内的全部事物都记录在树木地图上，还是把调查对象集中在园内的主要建筑物上呢？"在活动进行的过程中，教师更多的是观察和记录，聆听幼儿的疑问，提供给他们与疑问相关的活动内容，始终让他们以主人翁的姿态去实践自己的想法。

（沈芳芳）

九、写生活动　幼儿园的建筑

活动目标

（1）幼儿自主分组、分区，对园内主要建筑进行写生。

（2）各区幼儿对调查到的园内建筑进行分享、整合。

活动准备

勾线笔、记录纸、夹板。

活动过程

1. 寻找园内建筑物。

（1）在调查到的事物中辨别哪些是建筑物。

（2）说一说建筑物的外形特征、功用以及在园内的具体位置。

小结：让幼儿在了解"建筑物"概念的基础上，搞清园内有哪些建筑物。

2. 园内建筑物大写生。

（1）在前期调查的基础上，寻找建筑物。

（2）幼儿自主分区、分组对幼儿园内的建筑物再次写生。

（3）幼儿分享自己的建筑物写生，以及该建筑物在园内的具体位置。

小结：对建筑再次写生，可以让幼儿更好地表征建筑物的构造、形状和特点等。

活动延伸

在区域活动中，幼儿可以在园内走一圈，再次验证是否有漏记的建筑物。

活动反思

在决定制作树木地图后，大家商量着树木地图上应该有幼儿园的标志性建筑，并且一致认为建筑标志可以延用简笔画的方法进行表征。幼儿已经习得了相关的经验，并能很好地运用到整个制作树木地图的过程中。坚持以幼儿为本，让幼儿进行深度探究，在旧经验的基础上获得更多的新经验，有利于实现幼儿的全面发展。

（沈芳芳）

十、实践活动　看地图，贴建筑

活动目标

（1）喜欢探索地图，大胆表达建筑物要贴的方位。

（2）能与同伴分工合作，为幼儿园的树木地图贴上建筑物。

（3）能用一定的方法验证自己的猜测。

活动准备

幼儿园的空白平面地图若干、幼儿自制的建筑物图片。

活动过程

1.在平面地图上寻找贴建筑的方位。

（1）思考并整理各区域需要贴的建筑物。

（2）讨论每个区域建筑物所贴的方位。

小结：让幼儿加深对平面图上建筑方位的认知和印象。

2.验证所贴的建筑是否在正确方位。

（1）检查每个区域所贴的建筑物，检查是否贴错或者少贴。

（2）幼儿共同分享已贴好建筑物的树木地图，说一说每种建筑在地图上的方位。

（3）实地踏看，再一次验证自己贴得是否正确。

小结：帮助幼儿丰富观察经验，参与真实的活动，推进问题的解决。

活动延伸

在科学区提供幼儿园平面地图和建筑物图片若干，供幼儿实践、操作，并分享自己的问题和发现。

活动反思

在地图上贴标志的过程中，悦悦自告奋勇，拿起一块大型玩具标志物，贴在了平面图的上方，有了这个参照物，很容易找到升旗台和沙池的位置；汐汐将攀爬架标志物贴在了右边，顺势又贴好了平衡木和小木屋；阳阳拿着荡桥贴在了平面图左边，这里是生态

园。为了找准平面图的位置，加深对平面图上建筑物、树木方位的印象，让幼儿脑中有个初步的概念，教师带着孩子们又来到户外进行实地踏看。接着，根据平面图，记录幼儿园建筑的大致方位，回教室进行标志物的设计。几个环节下来，幼儿基本上都掌握了整张平面图。可见，在行动中发生的困难，是真实的问题；在行动中获得胜利的能力，才是真实的驾驭环境的能力。

（沈芳芳）

十一、区域活动　树木标志怎么做

经验联结

树木地图上一定会呈现树木的信息，那么，怎么制作树木标志物呢？在之前的活动中，幼儿已对园内树木进行了写生，也为园内建筑物设计过标志物，所以，幼儿可以利用前期经验设计树木标志。本次活动属于后延。

活动目标

（1）通过观察、比较，描述园内不同树种的基本特征。

（2）能用绘画的方式表征园内的树木。

活动准备

经验准备：幼儿写生过园内树木、设计过园内建筑物的标志。

材料投放：白纸、勾线笔、蜡笔。

活动内容

通过观察和对比园内树木的不同，以及它们的基本特征，制作树木标志。

活动要求

1. 欣赏用照片记录下的园内树木。

（1）幼儿交流、讨论最喜欢的那棵树，说说为什么。

（2）让幼儿说一说每棵树的外形、特征、颜色等。

2. 为园内树木做标志。

（1）你想为哪棵树设计标志，准备怎么设计？

（2）幼儿操作，设计树木标志。

指导要点

（1）在交流、讨论的基础上，加深对树木的印象，为做树木标志做好铺垫。

（2）有设计建筑物标志的经验，幼儿才会在设计树木标志时得心应手。

活动延伸

幼儿还可以为教室和午睡室设计标志。

活动反思

标志怎么设计呢？可以随便画自己喜欢的图案吗？对于铭铭的疑问，洋洋说："肯定不可以，我们要根据树最主要的特征进行设计。""是的，如果是枇杷树，我们就可以画一颗黄色枇杷。""如果是香樟树，我们可以画一颗小小的黑色果子。""那桑树、无花果树、紫荆等，这些树的标志怎么设计呢？"这是幼儿间相互交流的对话。为了让幼儿更深入地了解树，教师要创设一切机会拓宽幼儿的已有经验，让幼儿与资源进行积极、有效的互动。

（沈芳芳）

十二、区域活动 制作树木专属标志

经验联结

教师和幼儿再次来到户外观察树的主要特征,通过搜索引擎查找树的简笔画,作为参照,给幼儿带来设计标志的灵感。

活动目标

(1)幼儿能有序、清楚地表达自己的看法,选择适合的树木标志。

(2)别人讲话时,幼儿能主动、积极地回应,不随意打断别人。

活动准备

绘画好的树木标志。

活动要求

1.交流各组的树木标志。

(1)你们组设计了什么树的标志?

(2)为什么要这样设计?说一说理由。

2.评选最合适的树木标志。

(1)欣赏每组幼儿设计的树木标志。

(2)选出设计得最清楚、最醒目的树木标志。

(3)让每个幼儿进行投票,选出最合适的树木标志。

指导要点

幼儿可以根据每棵树的特征进行个性化的设计。

活动延伸

幼儿可以在美工区帮材料架设计标志并塑封。

活动反思

活动过程中,大家一起商量了树木标志的做法,确定了标志的形态。在设计过程中,教师重视幼儿的探索,给了他们充足的时间、空间、材料和必要的经验支持。通过提问、交流等方式,不断推动活动的进展。通过评比,幼儿选出了最合适的树木标志。在与幼儿一同探究的过程中,教师也有了很多想法,建立了自己的教育观念。基于幼儿现实表现的实践是修正教学方式的最好途径。

(沈芳芳)

十三、实践活动 看地图,贴树木标志

活动目标

(1)能根据树木地图上的建筑物,准确找到树木的方位。

(2)能与同伴分工合作,体验合作完成任务的快乐。

活动准备

贴有建筑物标志的地图、幼儿绘画的树木标志。

活动过程

1. 根据建筑物准确分辨树木的方位。

(1)大家调查到了哪些树木?

(2)这些树木分别位于幼儿园的哪个区域?

（3）怎样才能准确找到树木的位置？

总结：通过有代表性的建筑物，可以辨别树木所在的区域。

2. 看地图，贴树木标志。

（1）幼儿自由分组，将绘画好的树木标志贴到地图上的各个区域。

（2）幼儿交流和讨论贴的位置是否正确。

总结：在贴树木标志时，引导幼儿运用空间方位的经验解决问题。

活动延伸

在做户外游戏时，可以根据树木地图走一圈幼儿园，再次检查贴的树木标志是否正确。

活动反思

怎样才能让幼儿对树木进行统计，并和其他孩子、家长和老师分享这一阶段的研究成果呢？这对幼儿来说确实是一项既有意义又具有挑战的任务，制作树木地图是最好的手段。制作树木地图，需要完成哪些步骤呢？幼儿们经过一番讨论，制定了以下计划：（1）要看懂幼儿园的地图；（2）地图上要呈现幼儿园的主要建筑物；（3）将画好的树木标志贴在地图的相应位置上。怎么才能把树木标志贴在准确的方位上呢？这似乎是决定树木地图制作是否成功的关键一步。幼儿有前期贴建筑物标志的经验，他们根据建筑物的标志找到了该区域里的全部树种，又根据空间方位找到了树木的正确方位。做户外游戏时，孩子们再一次来到各个户外活动区，检查了树木标志贴得是否正确。课程需要幼儿的真实体验和实践,只有幼儿参与了活动,才能引发他们对真实活动的兴趣和探究。

(沈芳芳)

十四、实践活动　展示树木地图

活动目标

1. 能主动承担展示地图的任务,并在任务中出主意、想办法。
2. 愿意为集体做事,展示树木地图,为集体制作的树木地图感到自豪。

活动准备

树木地图。

活动过程

1. 回忆树木地图。

(1) 幼儿自由分组,欣赏树木地图。

(2) 回忆树木地图的制作过程。

小结:在回忆中激发幼儿建

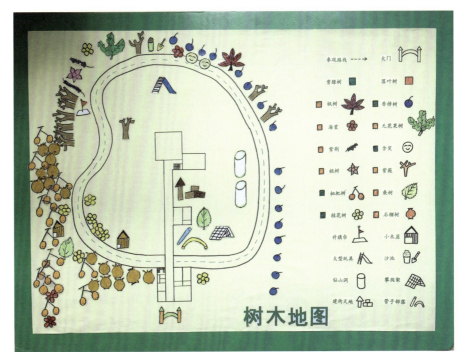

构新的经验,促进每个幼儿在其原有水平上不断提升经验。

2.讨论树木地图展示的位置和展示所需的工具。

(1)我们的树木地图应该放在哪里呢?怎么才能让大家都看到呢?

(2)大家投票确定树木地图展示的位置。

(3)师幼共同商讨,确定树木地图展示所需的材料或工具。

小结:幼儿将自己的生活经验带到了课堂中。我们需要桌子、架子、KT板等材料,将树木地图放在幼儿园的大厅中展示。

活动延伸

可以邀请小班、中班的弟弟妹妹来欣赏制作好的树木地图。

活动反思

在整个树木地图制作过程中,幼儿能向同伴表达自己的想法,遇到问题一起开动脑筋、解决问题。教师尊重幼儿的需要和想法,真心实意地支持幼儿的行动和创造,幼儿自己制作的树木地图有一个展示的机会,激发了幼儿的小主人意识以及对幼儿园的热爱。

(沈芳芳)

十五、集体活动 树木地图讲解员

活动目标

(1)了解讲解员,自由分组并讨论如何讲解。

(2)能倾听别人的讲解过程,乐意大胆补充。

(3)尝试做小小讲解员,把幼儿园的树木地图分享给别人。

活动准备

树木地图、讲解员的视频、活动PPT、小红旗、导游帽。

活动内容

1. 了解什么是讲解员。

（1）你们知道什么是讲解员吗？

（2）观看讲解员的视频。

小结：通过视频讲解，让幼儿对讲解员有一个初步的认知。

2. 梳理视频中讲解员讲解的内容。

小结：根据视频中介绍自己、介绍讲解的地方、介绍讲解的顺序，让幼儿进一步思考需要怎么介绍树木地图。

3. 讨论如何讲解并推选讲解员。

（1）自由分组，按照梳理的内容讨论如何讲解树木地图。

（2）每组推选一位讲解员代表做介绍。

（3）其他幼儿做评委，对讲解进行评价。

小结： 在讲解树木地图的过程中，能力强的幼儿总是表现得很积极，但也有一小部分幼儿不愿在众人面前大胆地表达自己。

4. 每位幼儿都尝试做一次讲解员，向客人介绍树木地图。

活动延伸

人手一张缩小版的树木地图，带领弟弟妹妹参观幼儿园的树木，并进行介绍。

活动反思

在本次活动中，我们让幼儿首先了解怎样做一名优秀的讲解员；然后自由分组，按照梳理的内容，讨论如何讲解树木地图，接着每位幼儿都尝试做了一回小小讲解员，把幼儿园的树木地图分享给客人。"小小讲解员"这样的活动，可以帮助幼儿不断积累经验，并运用于新的学习活动，形成终身受益的学习态度和能力。

从捡落叶到绘制树木地图，老师与孩子一起见证了整个过程。大家深入其中，体验到了绘制树木地图的乐趣，也完整享受了整个探究过程。期间，幼儿的交往能力、探究能力、合作意识都有了很大的提高，自我价值得到了体现。这次活动也让幼儿增强了认知能力、启发了想象力、提高了综合能力。

（沈芳芳）

单个活动方案

一、集体活动　保护树朋友（中班）

活动目标

（1）感受音乐旋律，能看图谱跟随节奏做出相应的动作。

（2）乐于参加韵律活动。

活动准备

PPT、音乐 *Lemon Tree*。

活动过程

1. 活动导入：美丽的树林里出现了风暴。

（1）故事背景："我是强大的风暴，我要把树全部破坏掉。"

（2）小仙女有办法保护树木，但是需要大家的帮助，你们愿意帮忙吗?

2. 韵律游戏。

（1）熟悉魔法音乐的旋律、节奏。

鼓励幼儿学习魔力动作，并伴随魔法音乐的节奏做动作，从而战胜风暴。

（2）发现歌曲中特殊的声音，分辨提示音。

这是小仙女在施展魔法音乐的时候做出的提示声音，听到这个声音，大家一起开始施展魔法。

（3）观看图谱，学习动作。

这个动作是怎么做的？一个魔力动作做几次？我们一起来试一下。

提醒幼儿：魔力动作要跟上魔法音乐的节奏才能发挥作用哦！

（4）创编动作。

风暴越来越大了，你们有更厉害的魔力动作吗？我们用自己的魔力动作来打败风暴。

活动延伸

继续创编魔力动作，并绘制动作图谱，在表演区做音乐游戏！

活动反思

本次活动以故事情景导入，引导幼儿以游戏的形式跟随音乐开展韵律活动，在提高身体协调性的同时，锻炼听力与节奏感。在活动的组织形式上，通过PPT展示，以贴近幼儿的卡通形象和符合幼儿认知又不脱离现实的故事形式展开。幼儿积极参与韵律活动，从根据图谱做动作，到熟悉节奏后自编动作，丰富了肢体语言，感受到了韵律活动的快乐。

（陆宇舟）

二、集体活动 叶子上的小血管（大班）

活动目标

（1）通过观察和比较的方式，发现植物叶脉形状不同的特征。

（2）了解叶脉的形状，初步尝试按照叶脉的形状对树叶进行分类。

（3）愿意动手动脑，通过刷叶脉的方式探索叶脉的秘密。

活动准备

物质准备：不同叶脉的叶子若干、树叶轮廓简笔画3张、叶脉书签制作PPT、放大镜、手电筒、小刷子若干、小镊子若干。

经验准备：会使用简单的工具、有一定的观察事物基本特征的经验。

活动过程

1. 初步探索不同的树叶，感受树叶的不同特征。

（1）幼儿通过看一看、比一比，探索树叶的秘密，并相互交流。

（2）幼儿交流自己的发现，知道大自然中的每一片树叶都是不一样的，有的大、有的小、有的胖、有的瘦，身上的小血管也不一样。

2. 运用工具再次探索树叶，发现树叶上小血管的不同特征。

（1）幼儿再次观察、探索树叶，对比发现叶脉的不同形状。

（2）幼儿分享交流自己的发现，了解树叶上的叶脉有不同的形状，有的是羽状网脉，有的是掌状网脉，有的是直出平行脉。

（3）幼儿尝试根据叶脉形状对树叶进行分类，并发现树叶的叶脉有的清晰，有的不太清晰。

3. 通过欣赏叶脉书签的图片和视频，了解神奇的叶脉，初步尝试刷叶脉。

（1）幼儿欣赏叶脉书签，了解叶脉的不同呈现形式。

（2）幼儿观看制作树叶标本的简短视频，了解制作过程。

（3）幼儿尝试刷叶脉，知道刷的时候要一只手压住根部，另一只手用刷子轻轻地沿着叶脉的方向刷。

4. 活动延伸。

引导幼儿思考：是不是所有的树叶都可以通过这样的方法呈现出清晰的叶脉呢？

活动反思

大自然中的生物千姿百态，大班幼儿对于观察事物的基本特征有一定的经验，他们通过观察，唤起了对树叶颜色、形状等显性特征的已有认知，也为深入探索叶脉的秘密这一隐蔽特征做好了准备。在活动中，幼儿由外显特征观察聚焦到细节观察，借助放大镜、手电筒等工具，通过对比观察，发现树叶的叶脉有羽状、掌状、平行状等不同形状。在按照叶脉形状分类时，幼儿因为叶脉不够清晰而出现困难。叶脉书签是一种能够更加直观地让幼儿感受到叶脉的魅力与神奇的艺术作品。因此，通过欣赏精美的叶脉书签图片，再通过实际操作，幼儿可以真实感受到叶肉与叶脉分离的过程，对叶脉的兴趣更加浓厚了。在实践中，虽然有的幼儿失败了，其原因可能是操作方式不当，也可能是因为树叶不同，但幼儿科学学习的核心是激发探究的兴趣，体验探究的过程，发展初步的探究能力。因此，怎样才能成功地分离叶肉和叶脉呢？是不是所有的树叶都可以进行叶脉和叶肉的分离，做成叶脉书签呢？这些都将成为幼儿进一步探究和发现的方向。

（侯　丽）

三、集体活动　听，大树在说话（大班）

活动目标

（1）在听一听、看一看、说一说中丰富对大树作用、种类等的了解。

（2）通过绘本阅读，了解探索大树的多种方式，有进一步探究大树的愿望。

活动准备

绘本PPT、部分内容图片。

活动过程

1. 唤醒经验：根据制作树木地图的经验讲述对树的了解。

听说你们最近在制作树木地图，也对大树有了很多的了解，谁愿意来分享一下？你用什么方法了解的？

讨论：如果闭上眼睛，我们能怎样了解大树呢？

2. 建构经验：通过绘本《听，大树在说话》了解树的一些种类，感受并理解树的作用。

（1）听一听：大树有话要讲。

大树会说话吗？我们一起来听一听。

（2）看一看：大树是很多生物的家。

大树说了什么话？

（3）说一说：大树的作用。

树为什么很重要？树是怎么把空气洗干净的呢？

（4）聊一聊：树的种类。

你们认识这棵树吗？这棵树有些什么特点？大家还能想到其他种类的树吗？

3. 拓展经验：到生活中去用多种方法了解大树，发现更多大树的秘密。

小结：如果我们用心聆听，大树就会告诉我们很多秘密。这本书，我会放在阅读区。如果你对这本书感兴趣，可以去阅读区读一读。我们已经会用观察、调查、触摸、聆听的方法去了解大树了。现在，让我们用这些方法再去拜访一下大树，看看你会有什么新发现。当然，如果你有其他的方法了解大树，也请你记得和我们分享哦！

活动延伸

在阅读绘本的基础上，到生活中去进一步观察、了解大树，并将自己的发现用语言、绘画等方式进行表征，续编故事《听，大树在说话》。

活动反思

孩子们在回忆用什么方法了解大树时,教师要注意根据孩子们的回答提炼一些方法。比如,孩子们说"用眼睛看到的"时,教师可以回应"观察的方法可以让我们了解大树,调查也是一种方法",等等。当孩子们根据书中提到的内容:树可以把空气洗干净,展开"树是怎么把空气洗干净的?"讨论时,教师可以在孩子们讨论的基础上,为孩子们播放光合作用的视频,让他们更直观地了解树的生长。

书中的橡树对孩子们来说是相对陌生的,教师可以有意识地引导他们在充分观察树的形态、叶子的形状等的基础上先尝试猜测,形成与其他树木进行对比的意识,再结合绘本故事的讲述,让孩子们自然而然地认识橡树,并由此引发对更多树木种类的讨论,拓展对树的认知经验。

(吴小勤)

活动叙事

⭐ 黑豆的秘密(小班)

活动背景

我们幼儿园是一所历史悠久的老园,园内郁郁葱葱,树木高大且众多,为幼儿园增添了一些古朴的气息。在众多树木中,香樟树最多,每年春天,香樟果成熟了,纷纷从树上掉落下来,掉在沙地里、掉在走道上……一粒粒黑豆豆,吸引了孩子们的注意力。孩子们热衷于捡这些黑豆豆,或攥在手心里,或藏在口袋里,或几个小脑袋凑在一起数着谁捡到的黑豆豆更多。这些黑豆豆无疑就是孩子们眼里的宝贝。

一、活动 咦,黑豆豆?

孩子们在沙池里玩挖沙游戏。

小皓正用铲子在挖沙,他挖到了一粒黑黑圆圆的东西,"这是什么?"小皓大叫起来,他的叫声吸引了旁边的小朋友。

"这里也有,这里也有!"孩子们惊喜地发现,沙地里遍布着这种黑色的小豆豆。

"捏上去软软的、滑溜溜的。"苗苗小心地捏着这些圆豆豆。

依依拿着小豆豆:"这大概是果子吧,小鸟爱吃的果子。"

轩轩捏了捏豆豆,"嘿,软软的,一捏就碎了,我的手都黑了。"

一阵风吹过,几个孩子的头上都被小东西砸中了,孩子们抬头寻找,包包尖叫起来:"你们看,这些黑豆豆长在树上,是树上掉下来的。"

依依说:"这棵不是香樟树嘛,这些肯定是香樟树的果子,小鸟就喜欢吃果子。"

"对,肯定是香樟树的果子,果子就是长在树上的!"孩子们对依依的答案表示认可。

苗苗招呼着楠楠:"快来,这里还有!"

孩子们用大拇指和食指捏住小豆豆,放在另外一只手的手心里,一颗一颗地收集着香樟树果子。

"大树底下也有,大树底下也有!"诺诺跑得气喘吁吁的,招呼着同伴。三个孩子跑到了泥地里的大树下。

"哇,这里真的还有好多。"说完,三个孩子就像捡宝贝一样,一颗一颗地收集起这些香樟树果子。

"你们要这些小黑豆干什么呀?"看见孩子们如此重视这些小黑豆,我忍不住问他们。

"是我们的宝藏呀,我们比谁捡的多呀。"苗苗说。

"它们就像我妈妈的珍珠项链,但是,珍珠项链是白色的,它们是黑色的。"爱美的萱萱说。

"就像我奶奶做的熏豆,可以泡茶喝。"苗苗想起了熏豆茶。

"那我们把捡到的小黑豆收集起来,带去教室里吧。"我说。

二、活动　玩豆豆吧！

我们将香樟树果子带进了教室，作为游戏材料，投放到了娃娃家、美工区、益智区。

依依走进娃娃家，一眼就看见了放在那里的香樟树果子。

她拿起娃娃家的水壶，放在煤气灶上，打开了煤气的开关。不一会儿，壶嘴里发出了"咕噜咕噜"的声音。"好了，水烧开了。"依依说道。她拿起一个杯子，从盘子里抓了几颗香樟树的果子，把果子放进了杯子里，接着，拿起煤气灶上的水壶，倒了点水进去。

"你在干嘛？"苗苗问。"我在泡茶啊。"依依边干活，边回答道。"哇，好香啊，你闻闻。"依依把杯子递给了苗苗。

"这是我泡的黑豆茶，你喝吧。"依依说道。

苗苗仰起头，一口气喝完了，"真好喝，真好喝！"苗苗说。依依高兴地接过杯子，又开始制作黑豆茶了。

萱萱从盒子里拿出一颗香樟树的果子，在果子的底部涂上胶水，粘在了彩纸上，还用手推了推，看看粘得牢不牢。接着，又从盒子里拿出一颗果子，用同样的方法粘在纸上。

"1、2、3、4、5、6、7、8、9、10……"她嘴里数着。"你做的是什么呀？"墨墨问。"这是送给妈妈的项链——黑豆项链。我妈妈最爱漂亮了。"萱萱一边回答，一边欣赏着自己的作品。"项链

真好看,我也要做,我也要做!"墨墨也学着萱萱做起了项链。

涵涵拿着香樟树的果子,把果子围成了一个圆圈,"我做的是太阳,圆圆的太阳。"

"你们看,我做的是毛毛虫,像不像?"苗苗问。"毛毛虫有脚的,你的毛毛虫怎么没有脚?"依依说。"我去拿蜡笔,给毛毛虫画上脚。"说完,苗苗就去拿蜡笔,为毛毛虫添画了脚。

三、活动　你们瞧,我发现了什么?

小袁一脚踩住了一颗小果子,顿时,一股黑黑的汁就冒了出来。

他摆弄着已经被踩扁的果子,"咦,果子里面还有什么东西呢?"他用大拇指和食指捏住果子,用另外一只手的大拇指和食指剥开了果子。他惊喜地发现,软软的果皮里面还有一颗黑黑的小东西。他用手捏了捏,"怎么是黑黑的、硬硬的?"

小袁拿着软软的果皮和硬硬的小东西,走向了轩轩,"你来看,这是什么?"

轩轩拿过硬硬的小东西,"是果子的宝宝,也是果子吧。我就是从妈妈肚子里生出来的。"他们两个的讨论,引起了很多孩子的围观,大家都在猜测这硬硬的、黑黑的小东西到底是什么。大家你一言,我一语,也没讨论出结果来。

涵涵:"老师,香樟树的果子里还有一个东西,是黑黑的,硬硬的,它是不是香樟树果子的宝宝?"

"你们吃过橘子吗?"我说。

"吃过,吃过。"孩子们回答道。"橘子的种子在哪里?"我又问道。

"在橘子肚子里呀。要咬开,才能看见种子。"依依说。

"对,橘子的种子在橘子肚子里,橘子的果肉能吃,但是种子不能吃。这颗香樟树的果子,黑黑的、软软的就是香樟树果子的果肉,小鸟最喜欢吃。这个硬硬的、黑黑的是香樟树的种子,种子可不能吃,种子可以种,可以长成一棵香樟树。"我说。

"哦，这个是香樟树的种子。"以橘子为例，孩子们一下子就听懂了。

"那我们能不能也种香樟树种子啊，我的小种子肯定能长成一棵大树。"昊昊一边说，一边欢快地跳了起来，"那么、那么高的大树。"

"当然可以啊，但是，我们首先要把小种子从果肉里剥出来，对不对？"我问孩子。

四、活动　嘿，一起剥黑豆

"香樟树的种子在它的果肉里，我们要得到种子，就要把果肉剥开来，你们会剥吗？"

"会呀，会啊，用两个手指捏住它，就剥开来了，我帮妈妈剥过毛豆的。"昊昊第一个回答。

"这个小果子，滑溜溜的，可不好剥哦。"我继续说。

"我们可以试试，试试就知道了。"孩子们信心满满地想试试，我把小种子分发给了他们。

依依用大拇指和食指捏住香樟树的果子，用另外一只手的大拇指和食指去剥果子，她用大拇指的指甲在果子上抠啊抠。"哎呀，我的手都黑了。那个汁都弄到我的手上了。"依依一边说一边笑。

琪琪说："你中毒啦。"两个孩子都笑了起来。

"老师，我不行，不行。我不会剥。"茂茂着急地喊道。"你来帮帮我。"

"你学着依依的样子，自己试试看。"我说。

"我教你。"依依凑了过去，拿过茂茂的香樟树种子，"要很用力地剥，用指甲剥。"

依依用自己的方法教，茂茂拿过果子，学着依依的方法剥了起来。

"哎呀，我的果子，我的果子。"果子咕噜咕噜滚走了，茂茂赶紧追上去捡起果子。这回茂茂用大拇指和食指将果子捏得牢牢的，又用另外一只手的大拇指的指甲盖使劲地剥着香樟树的果皮，终于，果子被剥开了，露出了里面硬硬的种子。

"老师，你看，我成功啦！香樟树的种子是黑黑的，硬硬的。"

五、活动 热热闹闹种黑豆

"看，我准备了泥土、沙子、花盆、铲子、种子，你们猜猜，我要干嘛呀？"我故作神秘地问。

"这很容易猜啊，你要让我们种香樟树的种子呀。"孩子们答道。

"你们能完成任务吗？"我问。

"肯定可以！"孩子们信心十足地说。

诺诺选了一把大铲子挖泥，很快诺诺的花盆里就装满了泥。

她换了把小铲子，把铲子的木柄插进泥里，左右转动木柄，泥地里有了个小小的坑，她把一颗小种子放了进去，用手拨动坑洞周围的泥，将坑洞盖了起来。接着，她又用同样的方法，将另外两颗小种子也种进了泥里，然后起身将自己的花盆送到了花架上。

一段日子过后，花盆里的香樟树种子发芽了。为了让小苗更快更好地长大，孩子们决定要为小苗找一个更大的新家。散步的时候，诺诺指着中（2）班前面的一片地说：

"那块地里种了黄瓜。我们的小苗要是也能种进去就好了。"

"不行,不行,黄瓜那么高,小苗那么小,黄瓜会挡住小苗的太阳,小苗晒不到太阳,还是会死的。"豪豪说。

诺诺吐了吐舌头,"也是哦。"走着走着,他们来到了沙地边上。"那里有个大花坛,花坛里没有花哦。"小叶说。"那肯定是别人不要这个花坛了。"依依肯定地说。"哇,里面好深,泥好多。"苗苗踮起脚,往花坛里看了看。"那我们和老师说,让我们把小苗种进去。花坛那么大,泥那么多,小苗肯定能长大的。"孩子们将自己的想法告诉了我。

"这个地方不错哦,地方大,泥土多,还能晒到太阳,就是这里小草太多了,小草会抢走小苗的营养,没有营养,小苗也很难长大的。"我说。"这多简单呀,我们一起把小草拔掉,不让小草抢走小苗的营养呀。"聪明的苗苗马上说。"好办法,那我们请阿姨一起来帮忙吧。"

六、活动 小苗搬新家咯!

孩子们三三两两结成群。

涵涵用手一捏,摘下了小草的叶子,她兴奋极了。依依一拔,也把小草的叶子拔下来了。"老师,这样可以吗?""不行啊,要把小草的根一起拔下来,不然小草的根还是会和香樟树的小苗抢泥里的营养的。"我说。小钱将身体靠在了花坛边上,伸长了手,用力将小草的根带着泥一起拔了出来,"你们看,这就是小草的根,被我拔出来了。"他得意地向同伴炫耀着自己的劳动成果。

"对对,就要和小钱一样,把小草的根也从泥里拔出来。"我鼓励道。孩子们有的踮着

脚伸长了手在拔草,有的则爬到了花坛边上去拔草了。

"阿姨,你在干什么啊?你手里是什么啊?"小涵问。"我在翻地啊,这个叫锄头。"阿姨回答道。"为什么要翻地呀?"小涵继续追问道。"你们瞧瞧,那块被翻过的地里有什么?"我问道。孩子们随着我的问话仔细观察起了那片被阿姨翻过的地。

"泥里有小砖块。"依依指着泥里的小砖块说。

"你们看,阿姨翻出来的泥里还有小草的根呢,这个小草的根好长。"昊昊捏着一棵小草的根说道。

"这块泥好硬,像石头一样。"轩轩说道。孩子们在阿姨翻过的地里有了新的发现。

"我们拔过草的地里,还有一些小砖块,以及一些没有被我们拔干净的小草的根,这些东西都会影响小苗长大。你们看,这些泥块硬硬的,小苗喜欢松软的泥。阿姨用锄头翻地,就能把泥里的小砖块和小草的根给翻出来,并把硬硬的泥块翻松。"

"我也想帮忙,我也要,我也要。"孩子们十分热情地想给阿姨帮忙。

"阿姨有大锄头,我有小锄头,我可以用小锄头把泥块敲松。"依依拿着工具箱里的小锄头说道。

"我要把泥里的小砖块、小石头给挑出来。"苗苗说道。

"小草的根也要扔掉,不然会抢走小苗的营养。"涵涵说道。

孩子们选择了自己想做的事情,热火朝天地干了起来。

"这些小苗真的好小。"小宸小心翼翼地从花盆里拿出了一颗小苗。

她把小苗放在花坛边上,又跑去工具箱里拿了一把小铲子。

她把铲子伸进泥里,左右晃动着铲子,泥地里很快开出了一个长条形的缺口。她试着把小苗放进缺口中。但试了几次,小苗的根都没能完全埋进泥里去。

于是,她又把小苗放在了花坛边上,把铲子的木柄插进了泥里,并来回摇晃了几下,在泥里挖出了一个圆圆的洞。

她一手拿起小苗,放进泥里去,一手用铲子轻轻地将小苗的根插进了泥洞里。小苗终于稳稳地种进泥洞里去啦。她又用小铲子将泥洞周围的泥堆在了小苗的周围。

七、活动　护苗大行动

"我们去看看小苗吧。"茂茂热情地招呼着同伴们。

孩子们趴在花坛上,饶有兴趣地观察着小苗。

"这棵小苗的叶子长大了,上次它只有这么一点点。"茂茂一边说,一边还把大拇指和食指围成一个圈,比画给同伴看。

"这棵小苗长高了。你看,它长得比旁边的树枝都高了。上次它还没那么高呢。"昊昊说道。

"对,我每天早上第一个来,到了幼儿园,我就去给小苗浇水,小苗就长大长高了。"依依说道。

"我放学的时候,带着爸爸去看我们种的香樟树小苗了,我还和爸爸一起给它拔了草。"秦秦也说道。

"小苗越长越大,会不会有小鸟来吃它的叶

"子?小鸟最喜欢吃叶子了。"诺诺说。

"叶子被吃了,小苗就要死了。"涵涵紧张地说。

"我们种的小苗不能死,不能死!"孩子们大叫起来。

"可以做个稻草人,把小鸟吓走,摩尔庄园里就是这样的。"依依说。

"对对,做个稻草人。可是,稻草人怎么做啊?"孩子们又犯难了。

"老师,我们想做个稻草人,稻草人可以吓走来偷吃叶子的小鸟。"孩子们说。

"好呀,那么怎么制作稻草人呢?需要什么材料呢?我们有个资源室,里面有很多很多原材料,我们可以去找找。"我说。

"稻草,你们看,这里有稻草,可以做稻草人的身体。"昊昊拿了些稻草,放进了事先准备好的大箱子里。

"草帽,有草帽呢,可以给稻草人戴上。"包包发现了架子上的草帽。

"需要线,就是把稻草扎牢的线。"依依说道。

"线,线在这里,需要哪种呢?"我带着孩子们来到了摆放线的架子前面。

"这么粗,也是线吗?"小袁问道。

"这是麻绳,也可以用来捆东西的。"我说。

"这个细的呢,也是麻绳吗?"涵涵说。

"对,这个是细麻绳,我们都可以拿去试试,看哪种可以用来扎稻草人。"我说。

"这是毛线,也可以系东西的,这也放进箱子里去吧。"茂茂说。

"稻草人要是做好了,怎么让它站起来呢?"孩子们继续在资源室里寻找。

"用这个可以吗?"昊昊找到了一根竹竿。孩子们都觉得只要绑上竹竿,就能让稻草人站起来。

大家把材料带回了教室。我先和孩子们一起在网上学习了扎稻草人的方法:将两根竹竿十字交叉,用麻绳绑好,然后将找到的稻草围在竹竿周围,也用麻绳绑好,再将稻草弯起来,做成稻草人头的样子。

"老师，要拿件衣服给稻草人穿上。"依依说。于是，孩子们选了一件拉链衫，给稻草人穿上。

第一次扎稻草人，居然成功了，孩子们欢呼雀跃，排着整齐的队伍，将稻草人送去了地里。大家欢呼："小鸟再也不敢靠近我们的地了，再也不敢吃小苗的叶子了！"

小班幼儿年龄小，参与活动的主要动力是兴趣。在"黑豆的秘密"课程实施过程中，教师始终追随着孩子们兴趣的脚步展开课程。孩子们发现了沙地里的黑豆，开始商讨、谈论、猜测，最后发现黑豆是从香樟树上落下来的，确定黑豆就是香樟树的种子。在一次游戏中，孩子们意外地踩扁了一颗黑豆，发现软软的果皮里面还有一颗硬硬的种子。从发现种子、剥种子，到调查香樟树种子如何种，整个过程中，孩子们都积极主动地参与。香樟树种子种下去后，孩子们精心照料着这些小种子。在孩子们期待的目光里，种子发芽了。孩子们进一步观察、讨论、探究，他们觉得种子要种在泥土多、地方大、晒得到太阳的地方才能更好地长大。孩子们经过自主的探究活动得出了种子发芽、长大离不开阳光、水分、泥土三要素的结论。这次种植活动，给孩子们上了很好的一课。在"护苗大行动"的环节，孩子们提出，小鸟会吃小苗的叶子，要扎一个稻草人吓走来偷吃的小鸟，这样才能保护小苗快快长大。教师便带领孩子们去了资源室，请孩子们自主选择他们认为扎稻草人所需要的材料，他们选择了草帽、稻草、绳子、竹竿、小衣服。在老师的帮助下，孩子们成功地制作了一个稻草人，并将它送到了地里。

在"黑豆的秘密"课程实施中，孩子们有更多的主动探索和发现的机会，通过多种实践活动掌握了种植的一些技能技巧，同时也了解了一些科学的观察方法。这种从亲身体验和动手操作中逐步获得的认知经验对幼儿来说才更有意义、更为深刻。

（王菊红）

树去哪儿了（大班）

缘 起

吃过中饭，孩子们散步到幼儿园门口的时候，看到对面树林里有人正在修树。

悦悦："老师快看，那些人怎么在砍树，像光头强一样，他们怎么能砍树呢？"

妍妍："好可怜的大树啊！它们是不是要死了？"

闹闹："哇，他的锯子超级酷，那么长！"

颢颢："光头强是从下面开始砍的，他们在上面，大树不会死的。"

晨晨指着边上一辆装满大树的大卡车："这些树估计要被拉出去卖掉了。"

"它们会被卖到哪里去呢？"

"我知道，这些树会卖到上海去，我爷爷就是开大卡车运树的。"

"这些树是卖到工厂里去做餐巾纸的吧？"

……

午睡前，孩子们还在讨论着刚才看到的大卡车里的树。

课程资源的开发与利用是保证课程实施的基本条件，依托幼儿园丰富的苗木资源，教师首先分析了孩子们话题背后隐含的教育价值，基于孩子们的兴趣，结合镇里的苗木特色产业，开启了"树的旅行"的探索之旅。

活动目标

1. 知道绿化是家乡铜罗的支柱产业之一。
2. 通过调查、访问知道常用的挖树工具和方法，了解挖树、运树的过程。
3. 了解家乡的树销往何地以及树的用途。
4. 热爱家乡的苗木，对家乡的绿化产业感到自豪。

活动脉络

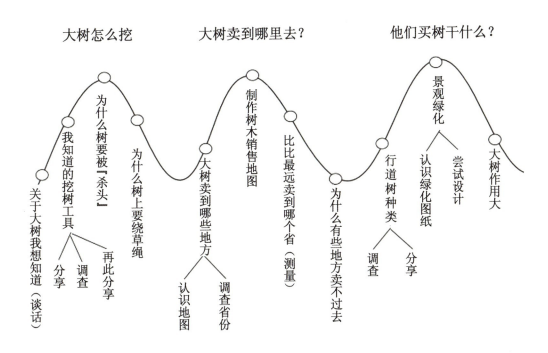

关于大树我想知道的……

春季，在铜罗到处可见装满树的大卡车、吊车、带着挖树锹挖树的人，教师便和孩子们展开了一场"关于大树，我想知道……"的谈话。

晨晨："我想知道它们是什么树？"

浩浩："我想知道这些树要运到哪里去？"

磊磊："我想知道这些树是不是去做餐巾纸？"

依依："我想知道大树用什么挖出来的？"

……

挖树工具知多少

关于大树，孩子们有很多想知道的，于是，我们首先讨论了挖树的工具。

颢颢："挖树要用到铁锹。"

悦悦："我看到过用挖掘机挖树的，就是用长长的机器把树吊起来。"

馨馨："有一种专门的挖树锹，它边上有个铁棒，脚踩在上面可以把铁锹踩到泥里去，就可以把树挖出来了。我爷爷就是挖树的，我们家有这样的挖树锹。"

心心："馨馨，你说的这个好像我们家里也有的，我爷爷也是挖树的。"

闹闹："我们都去调查一下挖树到底要用什么工具吧。"

从孩子们的对话中可以了解到，部分孩子对挖树的工具有一定的了解，但是，更多的孩子还有很多疑问，想了解相关的挖树信息：挖树的工具、怎么挖树、挖到的树要干什么？为了满足孩子们的探究欲望，教师和孩子们一起进行梳理，把他们感兴趣的问题设计成了一张调查表，发在家长群里，让家长及时了解孩子们正在进行的探究活动，以及需要得到家长的哪些支持。

孩子们的调查活动热热闹闹地展开了，有的回家问爸爸妈妈、爷爷奶奶，有的对幼儿园的工作人员进行访谈，有的在教师和家长的陪同下在网上进行调查，并学着进行记录。家长们则帮忙收集了一些照片、视频，经过一番整理，孩子们开始了自己的分享。

安安："我调查到挖树的工具有铁锹、挖树锹，大一点的树需要用到挖掘机。"

小花："我调查到的也是铲子，还有小吊机。"

糖糖："我调查到的有铁铲和挖树锹。"

在交流分享环节，孩子们发现每个人调查到的工具都差不多。

馨馨："挖树锹的边上有一块铁片，脚能踩在上面，用力把铁锹挖到树根下面，而且它的头上很锋利的，这样挖起来更省力。"

安安："小的树可以用挖树锹来挖，大的树人们挖不动就要用挖掘机了。"

原来，挖树的常用工具有这么多：铁锹、挖树锹、小型挖掘机、吊机等。

草绳有什么用？

孩子们在分享收集到的挖树视频时，发现被挖出来的树上都绑着草绳。

熙熙："为什么树上都绑着绳子呢？"

悦悦："肯定是怕它的泥都掉下去，所以要捆住。"

昊昊："我觉得大吊车要吊起大树，所以要绑绳子。"

妍妍："说不定是给大树穿件衣服呢？怕它感冒吧。"

教师："你们说的都很有道理，老师也想知道这些草绳到底有什么用，怎么才能知道呢？"

灿灿："老师，问问我爸爸吧，他是卖树的，肯定知道。"

颢颢："我们可以问小度呀。"

听了灿灿和颢颢的建议，大家觉得都可行。于是，老师先和灿灿的爸爸进行了连线。通过沟通，大家知道了草绳的作用：

（1）保护根部的泥土，防止散落；

（2）保护树皮，防止在吊树的过程中擦伤。

遇到了专业的人士，孩子们的问题又多了起来。

颢颢："我想知道挖掘机是怎么把大树吊起来的。"

琪琪："我想看看那个泥球是怎么挖的。"

……

灿灿的爸爸给小朋友们发来了工人运树的视频和照片。

绑草绳的作用固定泥吗?

固定泥巴

树干上要绕草绳钉竹片,防止吊树的时候把树皮弄掉了,

学习了,谢谢🌹😘

移栽树木为什么要缠草绳

2人回答

 LYC0214   关注

2018-01-04 · TA获得超过9388个赞

移栽树木的时候,树干和树根用草绳包起来主要是防止在运输和栽培中的机械损伤,同时也防水份蒸发,避免新芽灼伤,提高成活率。避免阳光直射在树干上,减少水分流失、减小蒸腾作用。

👍 1   💬 评论   👎 踩   👍 2

有了这些视频和照片,孩子们对于挖树过程中各种工具是如何使用的就有了更直观的感受。

随后,大家又到网上查询树上所绑草绳的作用,由此了解到,移栽树木的时候,树干和树根用草绳捆起来主要是为了防止运输和栽培中的机械损伤,同时也是为了防止水分蒸发,避免新芽灼伤,提高成活率。

树为什么要"杀头"?

在观看视频的过程中,孩子们发现有的香樟树被"拦腰截断"了,很惊讶。这样的做法叫给树"杀头",那么,为什么要"杀

头"呢？孩子们很疑惑。

妍妍："我觉得这样香樟树会死的。"

颢颢："树都要死了，还运出去，怎么种呢？"

悦悦："可能不会死吧！你看它的根还好好的种在泥里呢！"

教师："姚老师家里是做苗木生意的，她应该知道树为什么要被'杀头'，我们可以去请教她。"在教师的提示下，孩子们赶紧找到姚老师进行了现场采访。

妍妍："姚老师，你知道香樟树被'杀头'以后还能活吗？"

姚老师："当然还能活呀！"

悦悦："那为什么要'杀头'呢？"

姚老师："香樟树'杀头'有很多好处，'杀头'又叫截杆，截杆可以让树形长得更好看，它们的高度会比较统一，不会一棵高一棵低；在运输的时候更方便、更安全；截杆以后的树移栽存活率会比较高，一般截杆的高度在2～2.5米。"

妍妍："那为什么我们上次看到在大卡车里运的树是没有截杆的？"

姚老师："是不是截杆要看树的品种，还有客户的要求。如果客户要求截杆，我们就装截杆的树过去；如果客户不要求截杆，就装带树枝、树叶的树过去。当然，不截杆的树也会进行修剪。"

颢颢："看来卖树的学问还真不少呢！"

大树卖到哪里去？

早晨，孩子们正在幼儿园的中国地图边上兴致勃勃地讨论。

闹闹："这里是上海，我们的香樟树就是卖到这里的。"

恩泽："那我们的铜罗在哪里？我来找找。"

恩泽："老师，地图上为什么找不到铜罗呢？"

教师："因为中国的国土太大，我们所在的市或者县都只有一个小小的点，所以镇就看不到了。上一次，我们统计过家乡树苗销往哪些省份，你们可以在地图上找一找。"

闹闹："对呀，我去拿调查表来。"

"云南，在这里。""河南是我的老家，在这里。"孩子们兴奋地在地图上找着。

教师："找到的地方你们可以用什么来做个标记呢？"

恩泽："我可以在这里画个圈。"

妍妍："要不贴个五角星在上面吧！"

孩子们围着地图，在几个认识字的小朋友的带领下找起了各个省份。

小花："老师，这张地图上的字太多太小了，好难找啊！如果没有这么多字就好了。"

小可："我们画一张没有这么多字的地图吧！"

小可的建议得到了大家的支持。

教师:"我觉得可以,但是,我们有这么大的纸吗?"

闹闹跑到了美工区,拿来了A4纸和素描纸。

闹闹:"纸来啦!"

他将纸放到地图边比画了一下,"可是这些纸都太小了,不够啊!"

教师:"有什么方法能让纸变大?"

闹闹:"我知道,把它们拼起来就可以了。"

经过一番比画,孩子们觉得素描纸相对大一点,所以选择了素描纸。

教师:"纸的问题解决了,你们要怎么画呢?"

妍妍:"照着画呀!"

小花:"我知道,我们可以印在上面画。"孩子们把拼好的纸放在了地图上面。

小花:"什么都看不见呀,这个纸太厚了。"

看着孩子们一筹莫展的样子,教师拿出手机,打开了手电筒,放到地图后面。

教师:"这样能看到地图的样子吗?"

小花:"哇,看到了,看到了!"

教师:"我打开手机电筒,地图后面有了什么呢?"

闹闹:"是光,我们可以开个电灯在后面。"

教师:"电灯都在天花板上,你们找一找看教室的哪里也有光呀?"

颢颢:"窗户那里有阳光。"

孩子们把地图摁到了窗玻璃上,果然轮廓明显了。

小花："我们来摁住，俞沐妍，你来画吧！"

妍妍画了一会："我的手太酸了，闹闹你来试试。"在大家的分工合作下，地图的轮廓很快描好了。

闹闹："老师，可是我们不会写字，怎么办？你能帮我们把上海、北京这些字写上去吗？"

于是，老师帮助大家将省份的名称一一写上去，一张自制的地图就完成了。

最远卖到哪个省？

孩子们自制的地图做好以后，又迫不及待地标记起了树被卖去的省份？

教师："你们准备用什么方法记录大树被卖去的省份呢？"

悦悦："我们把被卖去的地方都涂成绿色，和大树一个颜色。"

妍妍："我也觉得涂成绿色比较好，就像是森林一样，呵呵！"

闹闹："我认识字，我帮你们看调查表，你们来涂。"

闹闹拿着调查表，把每一张表上调查到的省份报出来，并在地图上一一找到，其他小朋友开始分工涂色。

闹闹："老师，昆山是哪个省的呀？"

颢颢："我来帮你问'小度'呀！"

教师："颢颢的方法真不错，遇到不懂的问题问'小度'也是一个不错的选择。"在'小度'的提示下，孩子们找到了一些城市所属的省份。

在大家的共同努力下，"树木卖到哪儿"的地图制作完成了。

看着地图，大家忍不住感叹："哇！我们的树被卖到了那么多的地方啊！"

教师:"大家看看这张地图,我们的树最远被卖到了哪个省呢?"

昊昊:"老师,是吉林,它在'鸡嘴巴'这里了。"

妍妍:"我觉得是云南。"

馨馨:"不对,是甘肃,你看一直要到这里呢!"

熙熙:"我觉得是广西。"

教师:"从肉眼上看还真分辨不出哪个更远,你们有没有什么测量的方法?"

昊昊:"用尺子量一下不就知道了吗?"

昊昊找来了一把尺,从画了一个小红点(吴江)的地方开始量。"老师,这把尺太短了,不够。"

妍妍:"你可以用笔在这里(尺的末端)画一下,然后再接着量啊!"

昊昊立即采用了她的方法。

昊昊:"我量了一尺多,可是,我不知道它到底有多长。"

小花:"你看,这里是40,多出来的是几?"

昊昊:"多了4。"

小花:"那就是44。"

教师:"谁来帮助他记录一下呢?"

"我来。"妍妍拿来了纸和笔记录。

教师:"你准备怎么记录呢?"

只见妍妍在纸上写了一个"44"。

昊昊接着量:"到云南是10,到吉林是28。"

闹闹:"我要用笔套来测量。"

一轮测量后,妍妍在纸上写了一堆数字。

教师："看这些数字，我怎么知道哪个数字代表云南？哪个数字代表甘肃呢？"

妍妍："可是我们不会写字，老师你帮我们写吧！"

教师："那除了用尺来测量，还能用什么测量呢？"

孩子们四处搜寻了一遍。

琪琪："我们用回形针吧！以前我们不是用回形针在地图上量过到北京的距离吗？"

教师："对，你们可以试试用回形针量一量。但是，在记录纸上怎么分辨哪个是尺子量出来的？哪个是回形针量出来的呢？"

妍妍："我们可以在这里画把尺，那里画个回形针。"

经过一番统计、记录，孩子们发现甘肃是销售距离最远的地方。

为什么有些地方卖不到？

虽然卖得最远的省份孩子们通过测量已经得到了答案，但是看着地图上新疆、西藏等距离遥远的地方都还是白色的，孩子们不免有些疑惑。

"为什么我们的树不卖到那里去呢？"

灿灿："问我爸爸就知道，他是卖树的。"

小花："我可以让爸爸妈妈帮我上网查一下。"

教师："那你们要记住有哪几个地方没卖过去哦！"

闹闹："可惜我们不会写字，我们可以数一数还有几个地方没有涂成绿色。"

妍妍："老师你拍张照片，发在爸爸妈妈的群里，这样爸爸妈妈就知道了！"

按照孩子们的想法,教师把具体的地名发在了群里,由孩子和爸爸妈妈一起调查,第二天来园交流。

第二天一早,孩子们一到幼儿园就围着教师叽叽喳喳地说了起来:

"老师,爸爸告诉我,我们这里的树卖到北方去是种不活的,所以就没卖到那些地方去。"

"我爷爷也说了,青海、新疆又干又冷,香樟树不适合在那里生长。"

"我和妈妈上网查了,北方地区有很多沙地,它们那里适合种一些果树。"

他们为什么要买树?

馨馨:"老师,在我回家的路上有很多笔直的水杉树,我爸爸上次拍照片给你看的,你看到了吗?"

闹闹:"我们家旁边马路上都是香樟树。"

龙柏球

教师:"你们知道种在马路边的树有什么作用吗?"

颢颢:"我知道,它们是行道树。它们是不是用来把汽车隔开呢?"

闹闹:"快问问小度吧!"

教师:"除了水杉、香樟,你们还看到过哪些行道树?"

闹闹:"要不,我们今天再回去调查一下吧!"

第二天,孩子们拿着自己的调查表,分享了自己对行道树的调查。

闹闹:"我去广场那里走了一圈,找到了很多行道树,有香樟树、女贞、红花檵木。"

小宝:"我调查到的行道树有法国梧桐、黄杨树、柳树、石楠。"

辰辰:"我调查到的行道树有银杏、广玉兰、杨树。"

"我们家乡的大树很多卖出去后也是做行道树的，还有一些会种在小区、公园、庭院里，美化环境。"

香樟树

树木作用大

周末，隔壁镇上发生了罕见的龙卷风，周一来到幼儿园，孩子们就讨论了起来。

闹闹："上星期，我在妈妈的微信里看到了龙卷风，超级厉害，东西全被卷上天了。"

小可："我家就住在盛泽，那天风可大了！"

妍妍："我看到路边的大树全都被风吹得东倒西歪。"

结合此次龙卷风事件，我们展开了集体教学活动"树木作用大"。

悦悦："有了大树，就能把泥土牢牢地抓住，不让洪水冲走了。"

妍妍："大树可以带给我们新鲜的空气，减少二氧化碳。"

闹闹："大树还可以像空调一样调节气温。"

通过活动，幼儿知道了树有美化环境、调节气温、净化空气、防风、防沙、防洪、防霾等的作用。

活动反思

幼儿的学习源于对问题的兴趣,每一个活动、每一次调查都由幼儿的问题而引发。幼儿是天生的问题"发现者":"挖树的工具有哪些?""大树为什么要被'杀头'?""树上为什么要绕草绳?""大树要卖到哪里去?"等一系列问题都源于幼儿的观察,以及他们对未知世界的好奇心和探究欲。每一个新问题的提出,幼儿都能尝试用自己的方式去解决,解决问题的过程对幼儿来说也是能力提升、经验获得的过程。

随着课程的不断推进,其走向、内容、组织形式等都会因幼儿兴趣的变化而变化,教师需要聆听幼儿的发现、关注幼儿的问题、解析幼儿的语言、找到幼儿学习的支架,成为幼儿游戏与成长的伙伴。

本课程的实施,让家长的观念也发生了转变。通过参与课程活动,家长们了解了科学的幼儿教育理念与内涵,更清晰、直观、系统地了解了如何让幼儿的学习更有效,家长也逐渐成为关注幼儿学习品质、学习习惯、探究能力的助力者。

"树去哪儿了"的课程活动虽然已告一段落,但是,幼儿们对"树与我们生活"的探究又开始了,树是我们密不可分的好朋友,我们和树的故事还在继续……

(郑丽娟)

后 记

构建适合儿童发展的学前教育课程并努力落实，是实现幼儿园培养目标的重要途径，也是贯彻落实《3—6岁儿童学习与发展指南》的重要途径，更是实现学前教育高质量发展的重要途径。

"什么是幼儿园课程？""幼儿园课程在哪里？""如何追随儿童的兴趣设计课程？""如何将身边的资源开发成为促进幼儿发展、让幼儿获得有益经验的活动？"这些一直是幼儿园老师们面临的问题和挑战。吴江区各幼儿园根据自身实际情况，开启了园本提升、内涵发展、课程建设的实践探索征程。

十年课程实践，得到了广大幼儿园教师、家长、领导、专家等的关心和支持。十年来，吴江区绘制了幼儿园课程改革蓝图，组建了"学前教育发展共同体"，成立了省内外专家指导团队。在专家沉浸式、伴随式、持续性的指导下，各种问题逐渐有了答案，困惑逐渐解开，幼儿园找到了从身边资源入手，追随幼儿兴趣，开展多样化活动，助力幼儿积累有益经验，促进幼儿全面发展的课程建构路径，并在国家级、省级、市级的教学成果奖评选中频频获奖。

本套丛书是吴江区各幼儿园课程探索的缩影，共十三册，由吴江区鲈乡幼儿园鲈乡园区、鲈乡幼儿园越秀园区、平望幼儿园、盛泽实验幼儿园、芦墟幼儿园、黎里幼儿园、梅堰幼儿园、铜罗幼儿园、青云幼儿园、桃源幼儿园、北库幼儿园、舜泽幼儿园、横扇幼儿园、八坼幼儿园这十四所幼

儿园合作编写。本套丛书从策划到呈现，离不开负责各册编写的幼儿园老师们的实践智慧和无私分享，离不开吴江区其他幼儿园老师的支持和帮助，更离不开虞永平、张春霞、张晗、张斌、苗雪红、胡娟、杨梦萍等专家团队长期以来的精心指导和鼓励。在丛书编写过程中，苏州大学出版社的领导、编辑给予了老师们极大的肯定，虞永平教授更是在百忙中抽出时间为本套丛书作序，张春霞老师在编写中全程悉心指导，在此一并表示衷心的感谢！

生逢盛世，奋斗正当时。我们处在大有可为的新时代，在党的二十大精神指引下，吴江幼教人必将扬帆再起航，继续深耕幼教这块沃土，为实现学前教育高质量发展而努力前行！

钱月琴

2023 年 5 月